워런 버핏의
2단계 주식투자 전략

Buffett's 2-Step Stock Market Strategy
Copyright © 2020 by Danial B. Jiwani
All rights reserved.

The Korean Language edition © 2025 DONGA M&B CO., LTD.
The Korean translation rights arranged with Danial B. Jiwani through Enters Korea Co., Ltd.

이 책의 한국어판 저작권은 (주)엔터스코리아를 통한 저작권사와의 독점 계약으로
동아엠엔비가 소유합니다. 저작권법에 의하여 한국 내에서 보호를 받는 저작물이므로
무단전재와 무단복제를 금합니다.

처음 만나는 가치투자 교과서
워런 버핏의 2단계 주식투자 전략

초판 1쇄 발행 2025년 11월 30일
    2쇄 발행 2025년 12월 15일

지은이 | 대니얼 지와니
옮긴이 | 정채진
편집 | 오경희
디자인 | 채홍디자인

펴낸이 | 이경민
펴낸곳 | (주)동아엠앤비
출판등록 | 2014년 3월 28일(제25100-2014-000025호)

주소 | (03972) 서울특별시 마포구 월드컵북로 22길 21, 2층
홈페이지 | www.dongamnb.com
블로그 | https://blog.naver.com/damnb0401

전화 | (편집) 02-392-6901 (마케팅) 02-392-6900
팩스 | 02-392-6902
이메일 | damnb0401@naver.com

ISBN 979-11-6363-974-9 03320

* 책 가격은 뒤표지에 있습니다.
* 잘못된 책은 구입한 곳에서 바꿔 드립니다.
* 여러분의 투고를 기다리고 있습니다.

워런 버핏의
2단계 주식투자 전략

처음 만나는 가치투자 교과서

대니얼 지와니 지음 | 정채진 옮김

동아 엠앤비

[한국어판 저자 서문]

코스피 역사상 이례적인 강세장을 맞는 한국 투자자들을 위한 제언

 2011년부터 2024년까지 코스피는 오랜 기간 큰 변동 없이 정체되어 있었습니다. 13년 동안 총 상승 폭은 고작 15%에 그쳤는데, 연평균 수익률로 보자면 1% 남짓에 불과한 매우 낮은 수준이었습니다. 하지만 2025년에 접어들면서 상황이 완전히 달라졌습니다. 불과 1년도 되지 않는 짧은 기간 동안 코스피 지수가 58%나 급등하며, 코스피 역사상 몇 차례 없는 이례적인 강세를 보이고 있습니다.

그동안 코스피는 긴 세월 동안 좀처럼 상승 탄력을 받지 못했습니다.

… 그런데 2025년 들어 시장이 급격히 상승세로 돌아섰습니다.

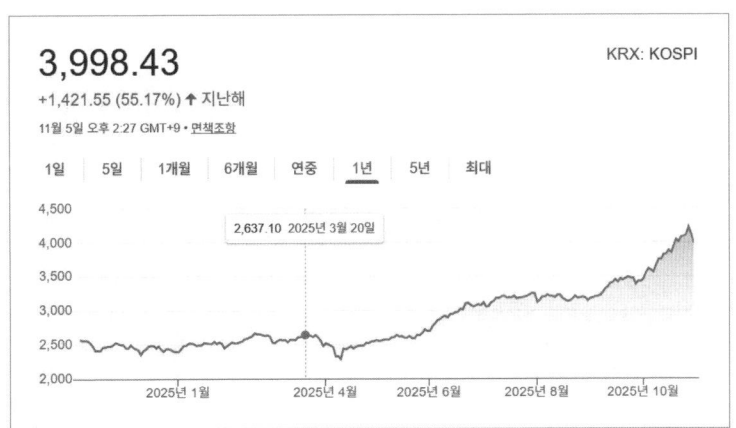

한국어판 저자 서문

다시 말해, 한국 증시가 이처럼 본격적인 강세장을 경험하는 것은 정말 오랜만의 일입니다. 주식투자 경험이 많지 않은 투자자들에게는 사실상 생애 처음 겪는 강세장이라고 해도 과언이 아닐 것입니다. JP모건은 이번 랠리가 인공지능(AI) 열풍, 한국 반도체 산업의 성장, 그리고 기업 지배구조 개선 움직임이 주된 동력이라고 분석했습니다.

이처럼 한국 시장이 이례적인 속도로 상승하고 있는 지금, 이 책을 시작하는 가장 좋은 방법은 다음과 같은 중요한 질문에 답하는 것이라고 생각합니다.

"강세장에서 어떻게 투자해야 하는가?"

이와 관련해 드릴 말씀은 많습니다만, 그중에서도 가장 중요한 조언 하나를 먼저 드리고 싶습니다. 핵심 조언은 다음과 같습니다.

"강세장이라고 해서 모든 종목이 오르는 것은 아닙니다."

대부분의 사람들은 강세장에 들어서면 모든 주식이 상승할 것이라고 생각합니다. 이런 믿음 때문에 거의 모든 기업에 무분별하게 자금을 투자하는 경향을 보입니다. 하지만 냉정한 현실은 이렇습니다. 강세장이라고 해서 대부분의 주식이 상승하는 것은 아닙니다. 적어도 장기적인 관점에서 보면 그렇습니다.

미국 시장의 사례를 통해 이 사실을 확인해 보겠습니다. 지난 한 세기 동안 미국은 역사상 가장 길고 강한 상승장을 경험했습니다. 다우지수는 1915년부터 2025년까지 무려 768배 이상 올랐으니, 실로 엄청난 강세장이었습니다. 그런데 흥미로운 점은, 그렇게 오랜 기간 강세장이 지속되었는데도 대부분의 주식은 그리 좋은 성과를 내지 못했다는 사실입니다.

몇 가지 통계가 이 냉정한 현실을 보여줍니다. 지난 100년 동안 S&P500에 포함된 기업의 절반 이상이 마이너스 수익률을 기록했습니다. 1997년부터 2017년 사이에 전체 종목의 약 4분의 3이 S&P500 지수 수익률을 하회했습니다. 1926년부터 2016년 사이에 전체 종목의 58%는 심지어 3개월 만기 미국 국채 수익률보다 낮은 성과를 기록했습니다.

무슨 일이 벌어지고 있는 걸까요?

강세장에서는 수익이 한쪽으로 쏠리는 경향이 있습니다. 시장 상승의 수익은 극히 소수 종목이 주도하며, 나머지 대부분의 종목은 이 상승 흐름에서 뒤처지기 마련입니다. 이런 현상을 보여주는 놀라운 역사적 예시는 다음과 같습니다.

1926년부터 2016년까지 전체 주식시장이 창출한 모든 부 가운데 10%를 단 5개 종목[애플(Apple), 엑손모빌(Exxon Mobil), 마이크로소프트(Microsoft), 제너럴일렉트릭(General Electric), IBM]이 차지했습니다. 같은 기간 동안 전체 주식시장에서 창출된 부의 전부는 상장 종목 중 고작 4%의 기업에서 나왔습니다.

다시 말해, 강세장은 모든 주식이 오르는 시기가 아닙니다. 강세장이란 소수의 주식만 크게 오르는 시기입니다. 다만 그 소수의 주식이 워낙 크게 상승하기 때문에, 그 성과가 전체 시장을 끌어올려 시장이 오르는 것처럼 보일 뿐입니다.

예를 들어 설명하자면, S&P500에 포함된 500개 종목 중 단 20개가 뛰어난 성과를 내고, 나머지 480개는 부진한 모습을 보인다고 가정해 봅시다. 그런데 이 20개 종목의 상승 폭이 워낙 막대하기 때문에, 나머지 480개 종목의 부진을 상쇄하고도 남습니다. 결과적으로 지수 전체는 상승하게 되는 것입니다. 이것이 바로 '대부분의 주식은 잘 오르지 않아도 시장은 상승하는' 강세장의 진짜 모습입니다.

강세장에서는 마치 모든 주식이 오르는 것처럼 보일 수 있습니다. 그래서 눈에 띄는 기업마다 투자하고 싶은 유혹에 빠지기 쉽습니다. 하지만 그러지 마십시오. 그중 대부분은 결국 좋은 성과를 내지 못합니다. 모든 기업에 돈을 나누어 투자하기보다는,

시장을 끌어올릴 소수의 종목에 집중해야 합니다. 그것이 바로 강세장에서 시장의 평균 수익률을 뛰어넘는 성과를 달성하는 방법입니다.

"강세장은 모든 것이 오를 때가 아닙니다. 소수의 주식이 치솟는 때입니다. 모든 것에 투자하지 마시고, 그 소수의 승자에게 투자하십시오."

대니얼 지와니

2025년 11월 5일

자료:
https://www.kedglobal.com/korean-stock-market/newsView/ked202510290012
https://www.macrotrends.net/1319/dow-jones-100-year-historical-chart

Warren Buffett

차례

한국어판 저자 서문 _ 4

들어가는 말
지난 100년간 충분히 검증된 단 하나의 투자 전략 _ 12

제1장 | 투자의 핵심 원칙 _ 19
제2장 | 1단계: 탁월한 기업을 찾는 법 _ 37
제3장 | 2단계: 적정한 매수 가격을 판단하는 법 _ 93
제4장 | 배당 투자, 제대로 활용하는 법 _ 153
제5장 | 분산투자가 해가 될 때 _ 183
제6장 | 감정이 수익률을 망치는 이유 _ 209
제7장 | 시가총액과 투자 기회의 본질 _ 233
제8장 | 투자 전에 꼭 확인해야 할 것들 _ 249
제9장 | 언제 주식을 팔아야 하는가? _ 263

나오는 말 _ 280
역자 후기 _ 282

들어가는 말

지난 100년간 충분히 검증된 단 하나의 투자 전략

이 책의 모든 아이디어를 내가 직접 생각해 냈다면 참 멋질 것입니다. 아쉽게도 그렇지 않습니다. 완전히 새로운 원칙을 찾아내거나 독창적인 투자 이론을 만드는 것은 어렵습니다. 특히 지난 한 세기 동안 검증된 투자 원칙이 오늘날에도 여전히 유효하다는 점을 감안하면, 완전히 새로운 원칙을 발견하기란 불가능에 가깝습니다.

이 책의 목표는 투자를 새롭게 정의하거나 검증되지 않은 전략을 제시하는 데 있지 않습니다. 전혀 알려지지 않은 독창적 이론을 내놓거나, 기술적 분석의 새로운 틀을 발명하려는 것도 아닙니다.

대신 나는 지난 100년간 충분히 검증된 '기본적 분석' 투자 원칙을 활용할 것입니다. 투자자라면 반드시 알아야 할 논리적이고 실용적인 원칙들을 누구나 이해하기 쉽게 풀어 전달하려고 합니다.

학력이나 전문 자격증이 투자 성과를 보장해 주지 않습니다. 금융학 박사 학위가 있든, 고등학교 졸업장이 학력의 전부이든 상관없이, 좋은 투자 원칙은 누구나 배울 수 있습니다.

나는 17세 때 이 책을 썼습니다. 석, 박사 학위가 없어도, 특별한 배경 지식이 없어도 충분히 투자 성과를 올릴 수 있음을 이 책을 통해 증명하고자 합니다. 자산의 규모가 크든 작든, 투자 원칙은 똑같이 적용됩니다. 당신도 자신이 가진 자산을 스스로 통제하고, 그 자산이 당신을 위해 일하도록 만들 수 있습니다.

이 책이 제시하는 전략은 단 하나, '2단계 주식투자 전략'입니다. 세상에는 수많은 투자 기법이 있지만, 성공 가능성을 높이기 위해 여러 전략을 동시에 익힐 필요는 없습니다. 워런 버핏(Warren Buffett) 같은 전설적인 투자자들이 실제로 사용해 온, 이 한 가지 전략을 충실히 따르는 것이 가장 효과적입니다.

여러 전략을 병행하면 오히려 혼란만 커질 수 있습니다. 예측 가능하고 안정적인 수익을 주는 단 하나의 전략을 몸에 익히면 평범한 전략 여러 개를 아우르는 것보다 훨씬 유리합니다. 투자를 시작할 때 다음과 같이 자문해 보십시오.

"내가 뮤추얼펀드나 인덱스펀드보다 낮은 수익을 내고 있다면, 지금 중요한 기회를 놓치고 있는 것은 아닌가?"[1]

주식을 직접 선택해 투자하는 사람이라면, 펀드매니저나 인덱스펀드보다 높은 수익을 올리는 것을 목표로 삼아야 합니다. 만약 그보다 나은 성과를 내지 못한다면, 차라리 펀드에 투자해 펀드매니저들이 엄선한 종목을 보유하는 편이 나을 수 있습니다. 굳이 개별 주식을 고르느라 시간을 들일 필요 없이, 인덱스펀드에 투자해 더 안정적이고 높은 수익을 올릴 수 있다면 그 선택이 현명합니다.

개인투자자가 기관 투자자들보다 유리한 이유

"기관 투자자들보다 더 나은 수익을 내야 한다"는 말에 주눅들 필요는 없습니다. 오히려 개인투자자인 당신은 전문 투자자들보

---

[1] 뮤추얼펀드와 인덱스펀드는 투자자들이 가장 흔히 하는 투자 방식입니다. 이 펀드들은 수십 개에서 수백 개에 이르는 종목에 골고루 분산투자함으로써 안정적인 수익을 추구하며, 연평균 약 10%의 수익률을 목표로 삼습니다.

다 더 많은 장점을 지니고 있습니다. 주식 분석 방법을 제대로 익힌다면, 개인이 기관보다 뒤처질 이유가 전혀 없습니다.

실제로 펀드매니저들은 개인투자자에 비해 여러모로 불리한 조건에 놓여 있습니다. 펀드매니저들의 주된 목표는 가능한 한 많은 자금을 유치하는 것입니다. 운용 자산이 많아질수록 수수료 수익이 커지기 때문에, 고객을 많이 확보해야 합니다. 더 많은 고객을 끌어들이기 위해 '안전한 투자처'라는 이미지를 강조합니다.

펀드매니저들은 투자자에게 "고객님의 자산은 안전합니다"라는 신뢰를 주기 위해 수백 개의 종목에 자금을 분산합니다. 그런 다음 이렇게 설명합니다. "걱정하지 않으셔도 됩니다. 고객님의 자금은 다양한 종목에 분산투자되어 있어 위험이 낮습니다. 이 펀드는 매우 안정적입니다."[2]

하지만 그렇게 분산투자하면 수익률에도 한계가 생깁니다. 반면 당신은 분산보다는 집중, 복잡한 전략보다는 명확한 원칙을 통해 더 높은 수익을 올릴 수 있습니다.

펀드매니저들은 지나치게 많은 종목에 투자하면서, 소수의 우

---

2 여러 대상에 투자해서 위험을 분산하는 것을 분산투자라고 합니다. 5장에서 이 주제를 자세히 살펴보겠습니다.

들어가는 말

수한 기업뿐만 아니라 평범하거나 손실 가능성이 큰 기업까지 함께 펀드 상품에 담게 됩니다. 나는 이것을 "과도한 분산투자"라고 부릅니다. 그 결과 고만고만한 기업들에 주로 투자하게 되고, 일부 좋은 종목이 있더라도 부실한 종목들이 수익을 깎아 먹게 됩니다. 그래서 전체 수익률은 평범한 수준에 그치기 쉽습니다.

하지만 개인투자자인 당신은 다릅니다. 당신은 예측 가능하고 안정적으로 수익을 낼 수 있는 종목만 골라 투자할 수 있습니다. 굳이 수십 종목에 분산할 이유가 없고, 다수의 고객을 만족시켜야 할 의무도 없습니다. 오직 자신의 수익만을 생각하면 됩니다.

당신이 진정으로 원하는 건 과도하지 않은 위험으로 의미 있는 수익을 올리는 것이며, 당신에겐 그럴 자유가 있습니다. 펀드매니저처럼 수많은 종목을 나눠 담을 필요 없이, 시장을 이길 종목에만 집중하면 됩니다. 당신은 기관 투자자들보다 유리한 조건에서 투자할 수 있으며, 그들을 이길 수 있습니다.

또 펀드매니저들은 독특한 딜레마를 안고 있습니다. 그들 역시 "싸게 사서 비싸게 판다"는 투자 원칙이 중요성을 잘 알고 있습니다. 하지만 이 원칙을 실천하기란 매우 어렵습니다.[3] 시장이 불안하고 주가가 하락해서 투자자들이 공포에 휩싸이면, 일반 투자자들은 펀드에서 자금을 빼기 시작합니다. 그래서 시장이 저점에 있고 펀드매니저들이 주식을 사고 싶어 할 때, 정작 펀드에는 자금이 없습니다. 사람들이 투자금을 회수해 버렸기 때문입니다. 펀드는 가장 필요한 순간, 가장 좋은 투자 기회가 왔을 때 현금이 없는 상황에 처하게 됩니다.

반대로 시장이 계속 상승할 때는 투자자들이 펀드에 돈을 넣습니다. 펀드 자금이 풍부해지지만 이때는 이미 좋은 투자 기회가 거의 없습니다. 가격이 높아졌기 때문에 대규모로 현금을 투입할 만한 매력적인 종목이 드뭅니다. 결국 펀드매니저들은 애매한 가격의 주식을 많이 사게 되고, 정말 매력적인 가격의 종목은 거의 살 수 없게 됩니다. 이런 구조는 기관 투자자들이 좋은 수익률을 내기 어렵게 만드는 원인이 됩니다.

반면, 개인투자자는 자신의 자금을 언제, 어떻게 투자할지 스스로 결정할 자유가 있습니다. 주식 가격이 하락했을 때, 그 기회를 활용해 과감히 현금을 투입할 수 있습니다. 시장의 변동성[4]이나 일시적인 하락에 불안해하며 자금을 빼 가는 고객도 없습니

---

3 주식투자 초보자라 하더라도 주식 시장에서 수익을 올리기 위해서는 '저평가된 시점에 매수하는 것'이 핵심이라는 사실을 금세 알게 될 것입니다. 주가가 하락했을 때 주식을 사고, 주가가 상승했을 때 파는 것이 기본적인 목표입니다. 이는 투자를 시작할 때 반드시 알아야 할 중요한 원칙 중 하나입니다.

4 '변동성'이란 주가가 크게 오르내리는 현상을 뜻합니다. 이는 단순히 가격의 등락 폭을 의미할 뿐, 그 자체가 주식의 위험을 나타내는 것은 아닙니다. 장기적인 관점에서 볼 때, 변동성이 높다고 해서 반드시 더 위험한 주식이라고 단정할 수는 없습니다. 물론 일반적으로 위험이 큰 주식은 변동성이 높을 가능성이 크지만, 변동성이 높다고 해서 반드시 위험한 주식인 것은 아닙니다.

다. 개인투자자는 오직 한 사람, 자기 자신만을 만족시키면 됩니다. 감정에 휘둘리지 않고, 올바른 전략을 가지고 합리적인 판단을 내릴 수 있다면, 누구든지 투자에 성공할 수 있습니다. 그리고 기관 투자자들보다 더 나은 성과를 낼 수 있습니다.

  이 책을 다 읽고 나면 좋은 주식과 나쁜 주식을 골라내는 '2단계 투자 전략'을 갖게 될 것입니다. 스스로 투자 결정을 내릴 수 있는 능력이 생길 것입니다. 무엇보다 언제, 어디에, 어떻게 투자할지 분명한 기준을 갖게 될 것입니다. 옳은 의사 결정을 할 수 있다면, 전문 투자자들과 비교했을 때 더 좋은 수익을 올릴 수 있을 것입니다.

제1장
투자의 핵심 원칙

제목에서 알 수 있듯이, 이 장은 투자의 기본 원칙에 초점을 맞추고 있습니다. 우리가 주식을 사는 이유는 오직 기업이 창출할 현금에 있습니다. 그 외에 다른 이유는 없습니다.

1장을 본격적으로 살펴보기 전에, 주식투자는 부동산투자와 비슷하다는 점을 이해하는 것이 중요합니다. 임대 수익 같은 미래의 현금흐름을 기대하며 부동산을 매입하듯, 주식 역시 해당 기업이 존속하는 동안 벌어들일 현금을 보고 투자하는 대상입니다.

이 장에서는 특히 '잉여현금흐름(free cash flow)'[1]이라는 지표에 대해 집중적으로 살펴볼 것입니다. 그리고 왜 잉여현금흐름이 순이익보다 더 신뢰할 수 있는 투자 지표인지 설명할 것입니다.

이 장에서 얻게 될 핵심 통찰은 다음과 같습니다. 이 개념들을 정확히 이해해야 올바른 투자 판단을 내릴 수 있습니다.

- PER(price earnings ratios, 주가수익비율, 이하 PER)만으로는 주식이 적정하게 평가되었는지 판단할 수 없는 이유
- 워런 버핏은 어떤 기준으로 주식을 고르나?
- 순이익이나 영업이익이 기업 가치평가에 적절하지 않을 수 있는 이유
- 주식을 산다는 것은 곧 '기업 전체를 사는 것'과 같다는 사실
- 잉여현금흐름이 투자 판단에서 가장 중요한 지표가 되는 이유

1 잉여현금흐름(free cash flow, FCF)과 관련된 내용은 '2장 탁월한 기업을 찾는 법'에서 다루지만 먼저 간략하게 설명하겠습니다. 잉여현금흐름은 기업이 영업활동을 통해 벌어들인 현금에서, 사업을 유지하거나 성장시키기 위해 반드시 필요한 자본적 지출(CapEX, 예: 기계나 공장 등 설비 투자)을 차감하고 남은, 경영진이 비교적 자유롭게 활용할 수 있는 현금을 말합니다.
예를 들어 한 기업이 한 달에 500만 원의 현금을 창출하고, 이 중 100만 원을 설비 보수와 신규 장비 구입에 사용했다면, 남은 400만 원이 잉여현금흐름입니다. 이 현금은 부채 상환, 배당금 지급, 자사주 매입, 신규 사업 투자 등 다양한 용도로 활용될 수 있습니다.
공식으로는 '잉여현금흐름 = 영업활동 현금흐름 - 자본적 지출'로 간단히 계산할 수 있으며, 재무제표의 손익계산서 항목을 활용하면 '잉여현금흐름 = 당기순이익 + 감가상각비 등 비현금비용 - 운전자본 변동 - 자본적 지출'로도 나타낼 수 있습니다.
당기순이익은 기업이 1년 동안 장사해서 최종적으로 남긴 이익을 뜻합니다. 여기에 감가상각비처럼 장부상 비용이지만 실제로는 현금이 나가지 않은 금액을 더합니다. 그다음, 재고나 외상값 변화로 인해 현금이 묶이거나 풀린 만큼 조정하는데, 이를 운전자본 변동이라고 합니다. 마지막으로, 기계나 건물처럼 사업을 유지, 확장하기 위해 지출한 자본적 지출을 빼면 남는 금액이 잉여현금흐름입니다.
예를 들어, 한 기업이 올해 1,000만 원의 순이익을 냈고, 감가상각비가 200만 원이며, 재고 증가로 100만 원의 현금이 묶였고, 설비 투자에 300만 원을 썼다면, 잉여현금흐름은 1,000 + 200 - 100 - 300 = 800만 원이 됩니다. 즉, 이 기업은 올해 800만 원의 현금을 자유롭게 활용할 수 있게 된 것입니다.
잉여현금흐름이 크고 안정적인 기업은 장기적으로 재무 건전성과 주주환원 능력이 우수하다고 평가되며, 반대로 잉여현금흐름이 지속적으로 작거나 마이너스라면 외부 자금 조달에 의존해야 할 가능성이 큽니다.
직접 계산을 하지 않더라도 '네이버 증권 → 종목명 입력 → 종목분석 → Financial Summary'로 찾아보면 잉여현금흐름(FCF)이 이미 계산되어 있어 편리하게 이용할 수 있습니다. 당기순이익, 영업활동 현금흐름, CapEX(자본적 지출) 등의 항목 역시 확인할 수 있습니다. - 옮긴이

"탁월한 회사를 적절한 가격에 사는 것이,
평범한 회사를 탁월한 가격에 사는 것보다 훨씬 낫다."

- 워런 버핏

투자에서 꼭 이해해야 할 핵심 원칙 중 하나는, 주식을 살 때는 실제로 기업을 사는 것처럼 접근해야 한다는 점입니다. 주식을 산다는 것은 결국 그 기업의 일부를 사는 것이기 때문에, 기업을 고르는 기준으로 주식을 골라야 합니다. 따라서 기업을 어떻게 사야 하는지를 안다면, 주식을 어떻게 사야 하는지도 아는 셈입니다.

그렇다면 기업을 살 때는 어떤 기준이 필요할까요? 가장 먼저 알아야 할 점은, 단순히 경쟁사보다 PER이 낮다는 이유만으로 기업을 사는 것은 옳지 않다는 것입니다.[2] 대부분의 주식투자 책들은 PER이 낮을 때 주식을 사라고 조언합니다. 하지만 이것은 기업이나 주식이 저평가되었는지를 판단하는 가장 좋은 방법이 아닙니다. 실제로 워런 버핏은 이렇게 말한 바 있습니다. "PER은… 기업의 가치평가(valuation)와 아무런 관련이 없다."[3]

투자의 핵심 원리를 이해하기 위해, 다음과 같은 상황을 상상해 보겠습니다. 이 한 번의 경험이 당신의 투자 관점을 바꿔놓을 것입니다.

지금 당신에게는 자유롭게 쓸 수 있는 100만 달러가 있습니

---

2   PER은 투자자들이 주식을 살지 말지를 판단할 때 가장 흔히 사용하는 지표입니다. PER은 주가를 주당순이익(earnings per share, EPS, 이하 주당순이익)으로 나누어 계산합니다. 혹은 시가총액을 순이익으로 나누어 계산할 수도 있습니다. 이 비율은 현재 주가가 기업의 주당순이익 대비 얼마나 비싼지를 보여주는 지표입니다. 일반적으로 PER이 낮을수록 그 주식이 저평가되어 있을 가능성이 크고, PER이 높을수록 고평가되어 있을 가능성이 큽니다. PER은 많은 투자자들이 애용하는 대표적인 지표 중 하나이지만, 이 책에서는 왜 이 지표를 선호하지 않는지, 그리고 어떤 지표를 대신 사용하는지에 대해 설명할 것입니다.

3   투자를 처음 접하는 분들을 위해, '밸류에이션(valuation)'에 대한 기본 개념을 소개합니다. 밸류에이션이란 기업의 가치를 평가하는 것을 말하며, 그 방법 중 하나가 시가총액(Market Capitalization)입니다. 시가총액은 현재 시장에서 기업 전체를 사는 데 드는 금액을 의미하며, 다음과 같이 계산됩니다.
주식의 시가총액 = 주가 × 주식 수.
주식에 투자한다는 것은 결국 기업의 일부 지분을 사는 것입니다. 기업은 정해진 수의 주식을 발행하고, 투자자는 이 주식을 매수해 지분을 보유합니다. 주식 수가 일정하다는 전제하에, 해당 주식을 사려는 수요가 늘면 주가가 오르고, 이에 따라 시가총액도 상승합니다. 누군가 "이 주식이 가치 있다"라고 말할 때, 그 의미는 보통 현재 시장가격이 기업의 실제 가치보다 낮아 '저평가'되어 있다고 생각한다는 뜻입니다. 그리고 주식이 저평가되어 있을 때가 바로 매수하기 좋은 시점입니다. 기업 전체 가치가 저평가되었다면, 그 기업의 주식 또한 저평가된 것이며, 이는 합리적인 투자 기회가 될 수 있습니다. 이 개념을 이해하는 것이 가치투자의 출발점입니다.

다. 이때 친구가 "내 자동차 대리점을 인수하지 않을래?"라고 제안합니다. 당신은 평소 자동차에 관심이 많아 이 사업이 매력적으로 느껴집니다. 사업 여건을 살펴보니 꽤 탄탄해 보입니다. 주변에 경쟁자는 거의 없으며, 친구의 대리점이 서비스와 품질 면에서 지역 최고입니다. 재무제표를 살펴보니 부채도 충분히 감당할 만한 수준입니다.

단기적으로는 이익이 크지 않아 내년에는 겨우 손익분기점을 맞출 것으로 예상됩니다. 하지만 이후 매년 약 50만 달러의 잉여현금흐름이 발생할 전망입니다.[4] 이런 전망이 현실이 된다면, 3년 안에 투자 원금을 회수할 수 있어 투자 수익률이 높다고 볼 수 있습니다.

여기서 자동차 대리점을 좋은 투자처라고 판단한 이유는 무엇인가요? 이유는 생각보다 단순합니다.

우리는 자동차 대리점이 앞으로 얼마나 많은 잉여현금흐름을 만들어낼 수 있는지를 살펴봤습니다. 기업을 인수하는 데 필요한 자금과 비교해, 그 기업이 앞으로 창출할 수 있는 현금 규모를 분석한 것입니다. 그걸 통해 이 투자가 과연 수익성 있는 선택인

---

4 잉여현금흐름은 순이익과 비슷해 보이지만 엄밀히 말해 같지는 않습니다. 잉여현금흐름은 특정 기간 동안 기업이 실제로 벌어들인 현금을 보여주는 지표로, 투자 판단에 꼭 필요한 핵심 수치입니다.

지를 판단했습니다.

하지만 대부분의 사람들은 주식 시장에 발을 들이는 순간, 기업의 미래 잉여현금흐름을 분석해야 한다는 가장 기본적인 원칙을 금세 잊어버립니다. 대신, 주가가 앞으로 얼마나 오를 것인지를 기준으로 투자 결정을 내립니다. 몇 년 안에 더 비싸게 팔 수 있을지를 따지는 것이죠.

그러나 현실에서 기업을 인수할 때는 그런 식으로 접근하지 않습니다. 기업을 사는 이유는 단순히 되팔기 위해서가 아니라, 그 기업이 앞으로 꾸준히 현금을 창출할 수 있는 구조를 갖추고 있어서입니다.

주식을 매수하는 근본적인 이유도 마찬가지입니다. 기업이 앞으로 벌어들일 현금흐름에 비해 현재 주가가 저평가되어 있기 때문에 주식을 사는 것이지, 단순히 몇 년 뒤 더 높은 가격에 팔려고 사는 게 아닙니다. 이것이 바로 가치투자의 핵심 원칙입니다.

얼마 전, 주식투자를 막 시작한 친구와 대화를 나눈 적이 있습니다. 유튜브 영상 몇 편으로 기본을 익혔다며, 자신의 포트폴리오를 한번 봐달라고 하더군요. 종목들을 쭉 살펴봤지만 낯익은 기업은 하나도 없었습니다. 그래서 나는 조심스럽게 물었습니다. "이 종목들, 왜 산 거야?"

그러자 친구는 이렇게 답했습니다. "주가가 많이 떨어졌길래

샀어. 거의 바닥처럼 보여서 곧 오를 것 같았거든."

친구의 말은 언뜻 그럴듯해 보일 수 있지만, 근본적으로 잘못된 논리입니다. 주가가 너무 많이 떨어졌기 때문에 언젠가는 다시 오를 것 같다는 논리는 그럴싸해 보여도 결코 타당한 투자 근거가 될 수 없습니다. 이렇게 생각하는 분들도 있을 겁니다. "가격이 떨어진 주식을 사는 게 왜 잘못인가요? 싸게 사서 오르면 수익을 내는 거 아닌가요?"

하지만 바로 여기에 함정이 있습니다. 단지 주가가 많이 떨어졌다는 이유만으로 반등을 기대하며 주식을 매수하는 행위는, 투자라기보다 단순한 '기대'에 지나지 않습니다. 왜 이것이 위험한 실수인지, 그 이유를 자세히 짚어보겠습니다.

단지 주가가 앞으로 오를 것 같다는 이유만으로 주식을 사는 것에 대해 워런 버핏은 한 인터뷰에서 이렇게 말한 바 있습니다.

"단순히 가격이 오를 것 같다는 이유만으로 투자 결정을 내리는 건, 결코 현명한 접근이 아닙니다. 예를 들어 비트코인이나 암호화폐를 떠올려 보세요. 그런 자산은 그 자체로 아무것도 생산하지 않습니다. 반면에, 아파트를 산다면 매달 얼마나 임대 수익이 나는지 따져볼 겁니다. 농장을 산다면, 그 땅이 얼마나 많은 농산물을 생산하고 팔 수 있는지를 봐야 하겠죠.

기업도 마찬가지입니다. 기업 전부를 사든, 일부 지분만 사든, 결국 핵심은 똑같습니다. 그 사업이 앞으로 얼마나 안정적으로, 그리고 꾸준히 현금을 벌어들일 수 있을지를 봐야 하는 거죠."

워런 버핏은 주가의 단기적인 등락만으로는 결코 좋은 투자인지를 판단할 수 없다고 말합니다. 진정한 투자자는 기업이 실제로 얼마나 많은 현금을 창출할 수 있는지를 봐야 한다는 것이죠.

부동산에 투자할 때를 생각해 보면 이해하기 쉽습니다. 단순히 시세가 오를 것 같다는 이유로 부동산을 매수하지는 않습니다. 그 부동산이 앞으로 얼마나 안정적인 현금흐름을 만들어낼 수 있을지를 따져보죠. 월세 수입을 예상하고, 관리비나 세금, 유지보수 비용 등을 뺀 순현금흐름을 계산합니다. 그리고 그 현금흐름이 현재의 매입 가격 대비 얼마나 매력적인지를 따져보며, 투자 수익률이 충분한지를 판단합니다.

이 방식은 기업에 투자할 때도 동일하게 적용됩니다. 부동산의 순현금흐름을 평가하는 것처럼, 기업의 잉여현금흐름을 기준으로 향후 기대 수익과 현재 주가를 비교해 투자 여부를 결정해야 합니다. 앞서 살펴본 자동차 대리점 투자 사례도 같은 원리에 기반하고 있습니다.

현명한 투자자라면 부동산을 매입할 때 단순히 매입 가격과 향후 매도할 수 있는 가격만을 비교하지 않습니다. 그 부동산이 실제로 어떤 현금흐름을 만들어낼 수 있을지, 그리고 그 수익이 투자금 대비 얼마나 합리적인지를 따져보는 것이 기본입니다. 주식이나 그 밖의 자산도 마찬가지입니다. 오직 '나중에 더 비싸게 팔기 위해' 매수하는 행위는, 워런 버핏의 표현대로라면 "더 높은 값을 주고 살 다음 바보를 찾는 게임"에 불과합니다. 버핏은 이런 방식은 투자라고 부를 수 없다고 말합니다.

본질적으로 기업에 투자하는 것은 부동산투자와 다르지 않습니다. 임대용 부동산을 매입할 때, 매입 비용과 그 자산이 앞으로 창출할 현금흐름을 비교하듯이, 비상장 기업을 통째로 인수한다면 향후 벌어들일 현금과 인수 비용을 비교해 투자 타당성을 따지는 것이 당연합니다. 우리는 기업 전체를 살 때도, 부동산을 살 때도 그 자산이 만들어낼 현금 창출력을 기준으로 가격의 적정성을 판단합니다.

그렇다면 상장된 기업의 지분 일부, 즉 주식에 투자할 때만 그 기준을 다르게 적용해야 할 이유가 있을까요?

내가 즐겨보는 프로그램 중 하나는 CNBC에서 방영되는 '샤크탱크(Shark Tank)'입니다. 이 프로그램에서 창업가들은 투자자들 앞에서 자신의 사업 아이디어를 제시합니다. 그럼 투자자들은 투자 조건으로 지분을 요구합니다. 가끔 아직 수익을 내지 못하는 사업이 소개되기도 하는데, 이런 경우 결과는 대부분 비슷합니다. 투자 유치에 실패하죠. 이유는 분명합니다. 해당 기업이 수익을 내지 못하고, 앞으로도 수익을 내기 어렵다고 판단되면, 투자자 입장에서는 돌아올 현금흐름이 없기 때문입니다.[5]

이런 상황은 마치 세입자가 전혀 없는 임대용 부동산을 갖고 있으면서도, 세금과 관리비 같은 고정비용을 계속 부담해야 하는 것과 같습니다. 수익이 전혀 발생하지 않는 구조에서 자금을 투입한다면, 그 투자는 성공하기 어렵습니다.

미래의 잉여현금흐름이 아닌, 단지 주가의 움직임만 보고 투자 결정을 내린다면, 스스로 상당한 위험을 감수하는 셈입니다.

내가 첫 책 『초보 투자자(The Beginner Investor)』를 출간한 후, 한 독자로부터 받은 이메일을 소개하겠습니다. 편의상 그분을 '로널드'라고 부르겠습니다. 로널드는 주식 시장에서 자금을 효율적으로 운용해 시장 수익률을 능가하고, 여유 있는 은퇴를 준비하고 싶어 했습니다. 이를 위해 다양한 투자 전략을 혼자 공부하던 중,

---

5 물론 예외도 있습니다. 가끔은 사업이 아직 수익을 내지 못했음에도 투자자와의 거래가 성사되는 경우가 있습니다. 이는 투자자가 그 사업이 조만간 흑자 전환할 가능성이 크다고 판단했기 때문이죠. 하지만 일반적으로 수익을 내본 적 없는 사업이 투자를 받기는 매우 어렵습니다. 현재 현금을 창출하지 못하는 상태라면, 미래에 어떤 수익을 낼 수 있을지 예측할 근거 자체가 부족하기 때문입니다. 이는 마치 향후 임대료가 얼마나 나올지 알 수 없는 부동산을 사는 것과 비슷합니다. 수익성의 기반이 불확실하기 때문에 투자자는 매력을 느끼기 어렵습니다.

어떤 사람에게서 단기 주가 흐름만을 보고 매수, 매도 타이밍을 잡는 방법을 배웠다고 합니다. 차트를 분석해 주가가 오를지 내릴지를 예측하는 '기술적 분석'에 기반한 전략이었습니다.

하지만 결과적으로 이 전략은 로널드 인생에서 가장 큰 실수 중 하나가 되었습니다. 그는 처음에 20만 달러를 투자했지만, 불과 몇 년 만에 포트폴리오의 가치가 3만 달러로 쪼그라들었습니다. 2~3년 사이에 자산의 85%를 잃은 셈이죠.[6]

그가 이 책에서 제시한 원칙들을 이해하고 지켰더라면, 그렇게 큰 손실을 입지는 않았을 것입니다. 오히려 이 전략을 통해 시장 수익률을 능가하고, 대부분의 투자자보다 더 많은 수익을 올릴 수도 있었겠죠. 그러나 로널드는 이미 전체 투자금의 85%를 잃은 상태로 내게 연락했고, 남은 자금으로 무엇을 해야 할지 막막해하고 있었습니다.

나는 그에게 개별 종목보다는 인덱스펀드 투자가 훨씬 안정적인 선택임을 조언했고, 그 방향에 맞춰 자산을 재구성하도록 도왔습니다. 그 결과 그의 포트폴리오는 점차 회복세를 보였고, 현재는 은퇴 이후에도 재정적으로 안정된 삶을 이어가고 있습니다.

---

[6] 이 정도로 심각한 투자 실패 사례는 흔치 않습니다. 다소 극단적으로 보일 수 있으나, 실제로 주식 시장에서 막대한 손실을 입은 사례라는 점에서 주목할 만합니다.

왜 순이익과 PER만으로는
기업의 진짜 가치를 알 수 없는가?

PER은 기업의 가치를 판단할 때 가장 보편적으로 활용되는 지표이며, 종목 정보를 조회하면 가장 먼저 확인되는 숫자이기도 합니다.[7] 많은 투자자가 PER 수치 하나만을 기준으로 매수·매도 여부를 결정하지만, 단일 지표에 의존해 판단하면 잘못된 투자 결정을 할 위험이 있습니다.

그렇다면 PER 수치만으로 투자 판단을 내려서는 안 되는 이유는 무엇일까요? 그 핵심은 PER 공식에서 분모에 있는 순이익이 기업의 실질적인 현금 창출 능력을 정확히 반영하지 못한다는 데 있습니다. 다소 이해하기 어려울 수 있지만, 순이익은 실제 현금흐름과 일치하지 않을 때가 많습니다. 그렇다면 왜 이런 괴리가 발생할까요?

PER(price earnings ratios)의 'E'가 가진 약점을 이해하려면, 먼저 GAAP(Generally Accepted Accounting Principles, 일반회계기준)의 개념

---

7 PER(주가수익비율)은 주가를 주당순이익(EPS)으로 나누거나, 기업의 시가총액을 순이익으로 나눈 수치입니다. 이 지표는 기업이 벌어들이는 이익에 비해 현재 주가가 어느 수준에 있는지를 가늠하게 해줍니다. 일반적으로 낮은 PER은 저평가 가능성을, 높은 PER은 고평가 가능성을 시사한다고 해석됩니다.

을 알아야 합니다. GAAP는 회계를 표준화하기 위한 규칙으로 기업의 이익, 자산, 부채가 동일한 방식으로 계산되도록 보장합니다. 이를 통해 재무제표 조작의 위험을 줄이고, 투자자와 기업 간의 신뢰를 높일 수 있습니다. 만약 GAAP가 없다면, 투자자들은 기업들이 같은 기준으로 수치를 산출했는지 판단할 수 없어 주식 시장 전체에 대한 신뢰가 흔들릴 수 있습니다.[8]

그러나 GAAP 기준에 따라 계산된 순이익 또는 주당순이익은, 주식이 실제로 얼마나 많은 현금을 창출하는지를 제대로 보여주지 않습니다. 이는 순이익이 '비현금성 비용'을 포함해 계산되기 때문입니다. 비현금성 비용이란 실제로 돈이 빠져나가지 않지만 회계상 비용으로 처리되는 항목으로, 순이익 수치에는 영향을 주지만 실제 현금흐름에는 영향을 미치지 않습니다.

비현금성 비용의 대표적인 예로 '감가상각(depreciation)'이 있습니다. 회계에서 말하는 감가상각은 자산 가치가 떨어지거나 주가가 하락했다는 뜻이 아니라, 기업이 1년 이상 사용하는 자산

---

[8] GAAP은 미국에서 사용하는 규칙 기반 회계 기준이고, IFRS(International Financial Reporting Standards, 국제회계기준)는 전 세계적으로 사용되는 원칙 기반 기준입니다. GAAP는 세부 규정이 많아 일관성이 높지만 유연성이 낮고, IFRS는 회계 담당자의 판단 여지를 더 많이 허용합니다. 미국 외 대부분 국가에서는 IFRS를 채택하고 있고 한국은 2011년부터 IFRS를 도입하여 사용하고 있습니다. 순이익과 현금흐름의 개략적인 내용을 살펴보는 이 책의 수준에서는 GAAP와 IFRS를 구분할 필요는 없으므로 회계 기준을 말하는 것이구나 정도로 받아들여도 무방합니다. - 옮긴이

을 구입할 때 발생한 비용을 일정 기간에 나눠서 인식하는 것을 말합니다. 이는 '수익 대응 원칙(revenue matching principle)'에 따른 것으로, 자산의 내용연수, 즉 자산이 수익을 창출하는 기간 동안 관련 비용도 함께 인식해야 한다는 회계 원칙입니다.[9]

예를 들어 기업이 트럭을 사서 5년간 사용할 계획이라면, 구입 비용 전액을 한 번에 비용 처리하지 않고, 매년 5분의 1씩 나눠 5년에 걸쳐 감가상각비로 기록합니다. 트럭 가격이 10만 달러였다면, 매년 2만 달러씩 감가상각비로 인식하지만, 실제 그 기간 동안 현금이 빠져나가는 일은 없습니다.[10]

이 문제가 투자자에게 중요한 이유는, 순이익이 실제 현금흐름을 정확히 반영하지 않기 때문입니다. 예를 들어, 어떤 기업이 2020년에 트럭 한 대를 10만 달러에 구입해 10만 달러의 매출을 올렸다고 가정해 보겠습니다. 이 트럭의 사용 기간은 5년이고, 관련 비용은 구입비 10만 달러밖에 없습니다. GAAP 기준에 따

---

[9] 자산의 내용연수란 기업이 해당 자산을 얼마나 오랫동안 사용할 것으로 예상하는지를 의미하며, 감가상각은 그 자산의 취득 원가를 내용연수에 걸쳐 나누어 비용으로 인식하는 과정을 말합니다. 기업이 오늘 X달러를 지출했다고 해도, 그 전액이 바로 비용 처리되는 것이 아니라 향후 여러 해에 걸쳐 나눠서 회계 장부에 반영됩니다. 이 과정에서 실제 현금은 매년 새로 나가는 것이 아니며, 단지 회계상 수치로만 나누어 기록될 뿐입니다. 따라서 감가상각비가 포함된 순이익은 해당 연도에 기업이 실제로 벌어들인 현금흐름을 그대로 보여주지 않습니다.

[10] 이 사례에서는 설명을 단순화하기 위해 자산의 청산가치를 0달러로 가정하고, 감가상각 방식으로는 가장 기본적인 직선법을 적용했습니다.

르면, 자산을 5년에 걸쳐 감가상각해야 하므로 2020년에는 연간 감가상각비 2만 달러만 비용으로 인식되고, 순이익은 8만 달러로 계산됩니다. 하지만 실제로는 트럭 구입에 10만 달러가 지출되어 현금이 전혀 남지 않았습니다. 즉, 영업 현금흐름은 0달러입니다.

이처럼 순이익은 회계 규칙에 따라 계산된 숫자일 뿐, 해당 기업이 실제로 얼마의 현금을 벌어들였는지를 그대로 보여주지는 않습니다. 따라서 투자자가 기업의 수익성과 재무 건전성을 정확히 파악하려면, 실제 현금흐름을 순이익과 함께 살펴보는 것이 필수적입니다.

상장된 대기업들은 매년 수십억 달러 규모의 비현금성 비용을 인식하며, 중소기업조차도 비현금성 비용이 수백만 달러에 이를 때가 많습니다. 따라서 재무제표상 순이익과 실제 현금 창출액 사이에 큰 차이가 생기곤 합니다. 실제로 내가 본 사례 중에는 장부상으로는 흑자를 기록했지만, 정작 현금은 거의 들어오지 않은 기업도 있습니다.

PER의 'E', 즉 순이익은 기업이 실제로 벌어들이는 현금을 제대로 반영하지 못합니다. 그 결과, PER은 기업을 사들이는 데 드는 비용을 그 기업의 실제 현금 창출력과 비교해 보여주지 못하죠. 내가 관찰한 바에 따르면, 장부상으로는 순이익이 있는 기업이라도 실제 현금흐름이 거의 없는 경우가 적지 않습니다. 이런 이유로 PER 그 자체로는 기업의 투자 가치를 판단하는 데 충분한 지표가 되지 못합니다.

결국 투자는 자산이 앞으로 얼마나 많은 현금을 만들어낼 수 있는지를 평가하는 과정입니다. 따라서 단순히 PER 수치만 보고 투자 결정을 내리는 것은 불완전하고, 때로는 위험한 접근이 될 수 있습니다.

물론 PER이 낮다는 것은 해당 주식이 저평가되었을 가능성을 시사하는 유효한 신호일 수 있습니다. 하지만 PER 수치 하나만으로 매수 시점을 판단하기엔 분명한 한계가 있습니다. 어느 수준이 '충분히 낮은지', 혹은 '과도하게 높은지'에 대한 명확한 기준이 없기 때문에, 자칫하면 추측에 의존한 판단이 될 수 있어서 그렇습니다.

또 PER만 보면 주가와 기업의 실제 현금 창출력을 직접적으로 비교할 수 없어, 가격이 진짜로 매력적인지 가늠하기가 어렵습니다. 투자는 본질적으로 기업이 앞으로 벌어들일 현금흐름을 예측하고, 그 가치를 현재 가격과 비교하는 작업입니다. 그래서 나는 먼저 기업의 미래 현금흐름을 면밀히 분석한 후, 그 수치와 현재 주가를 비교해 보는 접근이 훨씬 더 명확하고 설득력 있는 투자 판단 기준이 된다고 생각합니다.

제1장 서약서

이 책은 주식투자로 돈을 버는 방법을 설명하는 데 그치지 않고, 독자가 실제로 행동에 나서 결과를 만들어낼 수 있도록 돕고자 합니다. 그래서 각 장의 끝에 '서약서'를 제공합니다.

이 서약서는 해당 장에서 배운 핵심 내용을 간결하게 요약한 뒤, 독자가 직접 서명할 수 있도록 구성되어 있습니다. 스스로 서명함으로써 투자 원칙을 보다 분명히 인식하고 실천에 옮기는 데 도움이 될 것입니다.[11]

나, _____ 은/는 다음 투자 원칙을 성실히 따를 것을 약속합니다.

- 기업이 창출하는 잉여현금흐름을 기준으로 투자하겠습니다.
- 주식에 투자할 때는 전체 사업체나 부동산을 매입하는 것처럼 신중하게 접근하겠습니다.
- 단순히 PER 수치 하나에 의존하여 투자 판단을 내리지 않겠습니다.

---

11 로버트 치알디니(Robert Cialdini)는 『설득의 심리학(Influence: The Psychology of Persuasion)』에서 사람의 행동에 영향을 미치는 심리 원칙 중 하나로 '일관성'을 소개합니다. 사람들은 한 번 스스로 동의하거나 약속한 일에 대해 책임감을 느끼고, 끝까지 지키려는 경향이 있다고 그는 말합니다. 이런 심리는 투자에서도 강력하게 작용합니다. 따라서 이 서약서에 직접 서명하는 행위는 단순한 의식이 아니라, 자신에게 한 약속을 지키고자 하는 심리적 동기를 부여함으로써 투자 원칙을 일관되게 실천하는 데 큰 도움이 될 수 있습니다.

제2장

1단계: 탁월한 기업을 찾는 법

투자에 성공하려면 '2단계 주식투자 전략'을 충실히 따르는 것이 중요합니다. 그 첫 번째 단계는 '탁월한 기업'을 고르는 일입니다. 어떤 기업이 탁월한지를 제대로 알 수 있어야, 경쟁이 치열한 주식 시장에서 한발 앞서 나갈 수 있습니다.

탁월한 기업이 되기 위해서는 다음 네 가지 조건을 갖추고 있어야 합니다.

1. 경제적 해자(moat)[1]가 존재할 것
2. 산업의 변화 속도가 느릴 것
3. 잉여현금흐름이 예측 가능할 것
4. 재무 구조가 탄탄하고 안정적일 것

이 장의 주요 주제는 다음과 같습니다.

- '차세대 대박주(next big thing)'를 쫓는 전략이 실패로 이어지기 쉬운 이유
- 예측 가능성이 큰 기업이 투자에서 최고의 동반자인 이유
- 탁월한 기업이 갖추어야 할 경제적 해자의 세 가지 유형

---

1 해자(moat)란 경쟁 상대로부터 자신의 입지를 지키고 수익성을 유지할 수 있게 해주는 기업의 지속 가능한 경쟁우위를 뜻합니다. 중세 성 주변에 파놓은 해자처럼, 투자에서 해자는 외부의 침입을 막는 방어선 역할을 합니다. 해자의 예로는 강력한 브랜드, 특허, 네트워크 효과, 규모의 경제 등이 있습니다. 해자가 깊고 넓을수록 그 기업은 오랜 기간 높은 수익률을 유지할 가능성이 큽니다. – 옮긴이

- 경제적 해자가 반드시 갖추어야 할 특성
- 손익계산서, 대차대조표, 현금흐름표를 투자 분석에 활용하는 방법
- '잉여현금흐름'이 무엇인지, 왜 중요한지를 깊이 있게 이해하기

"투자의 핵심은 산업의 영향력이나 성장 가능성을
따지는 것이 아니라, 기업의 경쟁우위를 판단하고
그 우위가 얼마나 오래 지속될지를 보는 데 있습니다."

- 워런 버핏

이 장은 이 책에서 가장 중요한 부분 중 하나입니다. 탁월한 기업이 갖춰야 할 핵심 요소들을 체계적으로 설명함으로써, 어떤 기업이 진정한 투자 매력을 지니는지를 명확히 파악할 수 있도록 도와줍니다.

탁월한 기업을 선별하는 능력은 투자 과정에서 가장 중요하게 작용합니다. 투자에서 핵심은 '얼마에 사느냐'가 아니라 '무엇을 사느냐'에 있기 때문입니다. 나는 탁월한 기업을 가려내는 역량이, 그 기업의 적정 매수 가격을 판단하는 것보다 훨씬 더 근본적인 능력이라고 생각합니다.

탁월한 기업은 다음 네 가지 조건을 모두 충족해야 합니다.

- 경제적 해자(moat)가 존재할 것
- 산업 변화 속도가 느릴 것
- 잉여현금흐름이 예측 가능할 것
- 재무 구조가 탄탄하고 안정적일 것

이 네 가지 요건을 모두 갖춘 기업을 찾았다면, 이미 진정한 의미의 '탁월한 기업'을 발견한 것입니다. 이제 남은 과제는, 이 기업에 얼마를 지불해야 하는지를 판단하는 일입니다. 하지만 그에 앞서 이번 장에서는, 탁월한 기업이 지닌 본질적 특성을 깊이 이해하는 데 집중해 보겠습니다.

탁월한 기업의 특징 #1: 경제적 해자 보유

집을 새로 구입했는데 안에 값비싼 다이아몬드 무더기만 놓여 있습니다. 문도, 자물쇠도, 보안장치도 없습니다. 다이아몬드에 대한 소문이 퍼지면서 도둑이 들이닥칠 위험이 커지고 있습니다. 이대로라면 도둑이 들어와 훔쳐 가는 건 시간문제입니다. 그래서 방어 수단을 하나씩 마련하기로 합니다.

우선 문을 달아 진입을 어렵게 했지만, 자물쇠만 따면 여전히 침입은 가능합니다. 그다음에는 보안 시스템을 설치해 침입 시도가 위험한 일이 되도록 만들었습니다. 마지막으로 보안 카메라를 달아, 잠재적 침입자가 쉽게 접근하지 못하도록 경각심을 줬습니다. 보안장치를 하나씩 추가할수록 도둑이 다이아몬드를 훔치기는 점점 더 어려워집니다.

여기서 다이아몬드는 기업의 이익을, 집은 기업 자체를 뜻합니다. 기업의 핵심 목표는 이익을 지키고 키우는 것이며, 개인이 자신의 자산을 보호하려는 것과 다르지 않습니다. 보안장치를 통해 자산을 지키듯, 기업도 경제적 해자라는 보호막을 갖춰야만 이익을 안정적으로 유지할 수 있습니다.

기업이 지속 가능한 경쟁우위를 확보하려면 경제적 해자를 반드시 갖춰야 합니다. 해자는 경쟁자나 잠재적 위협으로부터 이익을 지켜주는 보호 장치이자, 장기적으로 우위를 유지할 수 있는 기반입니다. 해자가 없다면, 기업은 경쟁 압력을 견디기 어려워지고 결국 수익성도 무너질 수 있습니다.

투자자는 기업이 경제적 해자를 갖추고 있는지 반드시 확인해야 합니다. 해자는 경쟁사의 공세로부터 기업의 이익을 지켜주는 방패와 같으며, 해자가 확고한 기업에 투자하는 것이 더 안정적인 선택입니다.

시장에서 흔히 볼 수 있는 해자의 유형은 다음과 같습니다.

- 소비자에게 각인된 강력한 브랜드
- 서비스 분야에서의 자연독점
- 지적 재산권을 포함한 기술적 우위

해자가 없는 기업은 경쟁사에 시장 점유율을 쉽게 빼앗기고, 이익 성장이 장기적으로 이어지기 어렵습니다. 현금 창출력이 떨어지면 주가는 하락하고, 이 흐름이 계속되면 주가 회복도 쉽지 않습니다. 결국 투자 수익률은 시장 평균을 밑돌 수 있습니다. 따라서 최소한 하나 이상의 강력한 해자를 보유한 기업을 선별해 투자하는 것이 무엇보다 중요합니다.

해자 #1: 강력한 브랜드

브랜드란 고객이 기업에 대해 갖는 이미지와 신뢰를 의미합니다. 예를 들어 아마존(Amazon)은 합리적인 가격과 빠른 배송을, 애플(Apple)은 세련된 디자인과 직관적인 사용자 경험을 떠올리게 합니다. 이런 인식은 단순한 마케팅 효과가 아니라, 오랜 기간 일관된 서비스와 제품을 통해 형성된 것입니다.

브랜드의 핵심은 고객 신뢰입니다. 브랜딩의 진짜 목적은 약속을 지키는 경험을 반복함으로써 신뢰를 구축하는 것입니다. 예컨대 스타벅스(Starbucks)는 언제 어디서나 일정한 품질의 커피를 제공합니다. 그 결과, 신제품이 출시돼도 고객은 품질을 의심하지 않고 구매합니다.

반면, 신뢰가 쌓이지 않은 카페의 신제품은 선뜻 시도해 보기 어렵습니다. 고객이 브랜드에 신뢰를 갖고 있다면, 그 브랜드는 기업에 있어 강력한 해자 역할을 합니다. 브랜드와 신뢰가 형성되면, 기업은 다양한 면에서 경쟁우위를 갖게 됩니다. 특히 강한 브랜드를 가진 기업은 시간이 지나도 매출이 안정적으로 유지될 가능성이 큽니다.

경험 있는 마케터는, 마케팅의 목적이 처음부터 판매에 있는 것이 아니라는 사실을 잘 알고 있습니다. 아직 신뢰가 형성되지 않은 기업의 제품은 고객이 쉽게 구매하지 않기 때문입니다. 신뢰 형성 과정 없이 곧바로 판매를 시도하는 방식은 특히 중소기업에 효율이 낮고, 마케팅 예산만 낭비할 수 있습니다. 그렇게 해도 실제로 구매까지 이어질 확률은 극히 낮습니다.

길을 걷는데 누군가 나가와 "제 온라인 강의 하나 사시겠어요?"라고 묻는 상황을 떠올려 보면 이해가 쉬울 겁니다. 대부분은 그냥 지나치거나 정중히 거절하겠지요.

초기 마케팅의 목적은 잠재 고객과 신뢰 관계를 맺는 데 있습니다. 다시 말해, 일정 수준의 신뢰와 브랜드를 형성하는 것이 핵심입니다. 소셜미디어에서 무료 PDF, 웨비나, 상담 같은 콘텐츠를 제공하는 광고를 자주 보셨을 겁니다. 이 역시 잠재 고객과의 관계를 쌓기 위한 전략입니다.

기업이 잠재 고객과 신뢰를 쌓는 일, 그것이 바로 브랜드의 본질입니다. 넓은 고객층과 신뢰 관계를 형성한 기업은 같은 제품군도 반복해서 훨씬 수월하게 판매할 수 있습니다. 예를 들어 신뢰하는 친구가 온라인 강의를 두 번째 출시했다면, 제품을 자세히 살펴보지 않아도 구매할 가능성이 큽니다. 브랜드 파워가 강하다는 것은, 고객에게 그런 친구 같은 신뢰를 얻었다는 뜻입니다.

신뢰를 바탕으로 고객과 탁월한 관계를 구축한 대표적인 기업이 아마존입니다. 아마존은 합리적인 가격과 빠른 배송을 약속했고, 그 약속을 꾸준히 지켜 왔습니다. 이 덕분에 나를 포함한 수백만 고객이 온라인으로 물건을 살 때 아마존을 가장 먼저 찾습니다.

나는 옷을 살 때 제이씨페니(JCPenney) 사이트를 먼저 찾는 일이 없습니다. 별로 신뢰가 가지 않기 때문입니다. 대신, 이미 신뢰하고 있는 아마존에서 바로 구매합니다. 이런 신뢰가 반복되고 쌓이면 고객은 자연스럽게 그 기업의 단골이 됩니다. 기업이 고객과 신뢰를 쌓고 강력한 브랜드를 형성하면, 단골 고객이 생깁니다. 단골은 경쟁사 제품보다 익숙하고 믿을 수 있는 브랜드를 선택하게 되고, 이는 결국 강력한 경제적 해자로 작용합니다.

강력한 브랜드는 단골 고객을 확보하는 데 그치지 않고, 경쟁사의 입지도 약화시킵니다. 아이폰(iPhone)과 안드로이드(Android) 제품은 기능이나 가격에서 큰 차이가 없지만, 10대의 80% 이상이 아이폰을 선택합니다.[2] 아이폰을 사용하면 더 세련되고 트렌디한 이미지를 갖게 된다는 인식이 있기 때문입니다. 반면, 안드로이드를 사용하는 10대는 이런 브랜드 효과를 누리지 못합니다. 오히려 유행에 뒤처진 제품을 쓰는 것으로 보이기가 쉽습니다.

아이폰은 청소년에게 '멋진 제품'이라는 이미지를 강하게 각인시키며, 이 시장에서 압도적인 점유율을 유지하고 있습니다. 이처럼 애플은 강력한 브랜드를 통해 높은 수익을 올리는 동시에, 경쟁사의 시장 진입을 효과적으로 막아내는 강한 해자를 구축하고 있는 셈입니다.

기업이 강력한 브랜드를 보유하고 있다면, 경쟁사들은 쉽게 시장에 뛰어들기가 어렵습니다. 브랜드가 기업의 이익을 보호하

---

2   이 통계는 《비즈니스 인사이더(Business Insider)》 기사에서 인용한 자료입니다.

는 해자 역할을 하기 때문입니다. 고객을 끌어당기는 브랜드를 가진 기업은 이미 매우 견고한 해자를 갖춘 셈이며, 여기에 다른 조건들까지 갖춘다면 잠재적으로 매우 탁월한 기업이 될 수 있습니다.

그 다른 조건들이 무엇인지 살펴보기 전에, 브랜드 외에 어떤 해자 유형이 있는지 먼저 알아보겠습니다.

해자 #2: 서비스 분야의 자연독점 기업

일부 기업은 비즈니스 모델 자체에 이미 자연스러운 해자를 확보하고 있어, 굳이 강력한 브랜드를 따로 구축하지 않아도 됩니다. 어떤 기업이 해당하는지 살펴보겠습니다.

특정 지역에서 서비스를 독점적으로 제공하는 기업들이 그렇습니다. 즉, 고객이 반드시 이용해야 할 서비스를 지역 내에서 거의 유일하게 제공하는 기업입니다. 만약 한 지역에 해당 서비스를 제공하는 업체가 단 한 곳밖에 없다면, 경쟁이 사실상 불가능하므로 자연스러운 해자가 형성된 것입니다. 고객이 그 서비스를 원한다면, 선택지는 하나뿐입니다.

예를 들어, 웨이스트 매니지먼트(Waste Management)는 미국 내 여러 지역에서 주거용 쓰레기 수거 서비스를 독점적으로 제공합니다. 고객이 쓰레기를 수거하려면 이 기업의 서비스를 이용할 수밖에 없습니다. 이런 구조 덕분에 웨이스트 매니지먼트를 포함한 유사 업종의 기업들은 안정적인 수익 기반을 확보하고 있습니다.

고객들은 선택의 여지가 없어 매년 요금을 지불하고 이 서비스를 이용하므로, 이 서비스는 반복적으로 이어집니다. 결국 이들 기업은 지속적이고 예측 가능한 현금흐름을 바탕으로 해자를 더욱 견고히 다져갑니다.

이런 기업을 처음 접하는 투자자라면, 그 매력을 의심할 수도 있습니다. "왜 경쟁사가 들어오지 못할까?" "이 산업이 그렇게 유망하다면 경쟁이 훨씬 더 치열해야 하는 것 아닌가?" 이런 의문 때문에 많은 투자자가 이 분야를 회의적으로 바라봅니다. 하지만 실제로는 정반대입니다.

이들 기업은 경쟁사가 아예 발을 들이기 힘들 만큼 강력한 해자를 갖추고 있습니다. 이 산업에 진입하려면 트럭, 인프라, 매립 시설 등 수백만 달러 규모의 초기 투자가 필요합니다. 하지만 그렇게 돈을 들이더라도, 기존 업체에 이미 고객이 묶여 있기 때문에 새롭게 시장을 확보하기가 쉽지 않습니다. 결국 투자금을 회수할 만큼의 현금을 만들어내는 것도 거의 불가능합니다.

이처럼 막대한 초기 비용과 낮은 전환 가능성은 기업의 해자를 더욱 견고하게 만드는 핵심 요소입니다.

두 제품 중 하나를 선택할 때, 고객은 주로 품질과 가격을 기준으로 판단합니다. 그런데 특정 산업에서 한 기업이 자연독점 구조를 형성하고 있는 경우, 신규 경쟁자는 품질을 높이거나 가격을 낮추는 방식으로 경쟁하기가 사실상 어렵습니다.

우선, 서비스 품질을 높이는 것은 불가능에 가깝습니다.[3] 폐기물 처리처럼 서비스 결과가 어디서나 거의 동일하게 나타나는 산업에서는, 업계 전반이 비슷한 수준의 품질을 제공합니다. 고객이 "이 회사의 쓰레기 수거 방식이 특별히 마음에 들어서 선택했다"라고 말하는 경우는 사실상 없습니다.

서비스가 표준화되어 있기 때문에, 신규 사업자가 고객에게 눈에 띄는 차별화나 실질적 이득을 제공하는 일은 매우 어렵습니다. 따라서 이런 산업에서는 고객을 경쟁사로 이동하도록 유도하는 것이 쉽지 않습니다. 신규 경쟁자가 현실적으로 취할 수 있는 유일한 전략은 서비스를 매우 저렴한 가격에 제공하는 것뿐입니다.

하지만 이마저도 실현 가능성이 작습니다. 경쟁자들 역시 이 사업에 진입하려면 충분한 수익성이 전제되어야만 투자할 가치

---

[3] 자연독점 지위를 가진 기업이 활동하는 산업은 비즈니스 모델이 단순하고 제공하는 서비스도 표준화되어 있는 경우가 많습니다.

가 있다는 사실을 잘 알고 있기 때문입니다. 결국, 특정 지역에서 필수적이고 표준화된 서비스를 제공하는 소수의 기업 중 하나라는 점만으로도, 해당 기업은 경쟁사의 공격이 사실상 불가능한 해자를 갖추고 있다고 볼 수 있습니다.

이처럼 자연독점 해자를 갖춘 대표적인 산업과 기업은 다음과 같습니다.

- 폐기물 처리 업체
- 규제를 받는 상수도 및 가스 공급 기업
- 일부 방위산업체
- 지역 독점에 가까운 통신 사업자
- FedEx, UPS와 같은 국제 특송 업체

일반적으로 이런 해자를 가진 기업은 빠르게 성장하거나 눈에 띄는 기업은 아닙니다. 대부분 안정적이고 완만한 성장세를 보입니다. 이런 산업은 고객 수가 갑자기 늘거나 줄어들 가능성이 작기 때문입니다.

많은 투자자는 이런 기업이 "차세대 대박주는 될 수 없다"거나 "이익이 폭발적으로 성장하지 않을 것"이라며 외면합니다. 하지만 안정적인 성장률 자체가 투자자에게는 강력한 무기가 될 수 있습니다. 성장이 안정적이면, 기업이 앞으로 얼마의 현금을 벌어들일지 예측하기가 훨씬 수월합니다. 경쟁 구도, 산업 환경, 고객 수가 크게 변하지 않기 때문입니다.

기업의 미래 현금흐름을 예측할 수 있다면, 현재 주가가 그 가치에 비해 고평가인지 저평가인지도 판단할 수 있습니다. 이는 마치 세입자가 매달 정해진 임대료를 약속한 것과 비슷합니다.

반대로, 기업의 미래 수익을 가늠할 수 없다면 투자 결과도 불확실해지고, 그만큼 위험은 커집니다. 이런 점에서 보면, 이들 기업은 주식 시장에서 예측 가능한 수익을 기대할 수 있는 대표적인 투자 대상입니다. 따라서 이런 기업을 찾아내고, 예측 가능한 현금흐름에 근거해 투자한다면, 그것은 곧 탁월한 투자 기회가 될 수 있습니다.

해자 #3: 경쟁력 있는 지적 재산권 확보

지적 재산권(intellectual property)은 고유한 창작물에 대한 권리를 의미하며 소프트웨어, 디자인, 음악, 제품 등이 여기에 포함됩니다. 제품이나 공정, 또는 창작물이 독창성을 갖추고 있다면, 정부의 보호 아래 창작자 또는 기업이 해당 권리를 독점적으로 행사할 수 있습니다. 즉, 어떤 누구도 허락 없이 이를 복제하거나 판매할 수 없습니다. 지적 재산권을 보호하는 대표적인 수단으로는 특허(patents), 영업 비밀(trade secrets), 저작권(copyrights) 등이 있습니다.[4]

지적 재산권은 가장 강력한 해자 중 하나입니다. 특히 제품을 제조, 공급하는 기업에는 결정적인 보호 장치가 됩니다. 특정 기업에만 판매 권리를 부여함으로써, 제품이 범용화되는 것을 방지해 줍니다.

만약 애플이 아이폰에 대한 지적 재산권을 보유하지 않았다면, 전 세계 누구나 자유롭게 아이폰을 제조하고 판매할 수 있었을 것입니다. 그렇게 되면 아이폰은 단순한 범용 제품으로 전락하고, 애플은 가격 경쟁에 휘말리면서 아이폰의 가격도 하락했을 것입니다. 경쟁 심화와 가격 하락은 곧 잉여현금흐름의 감소로 이어졌을 겁니다.

지적 재산권 덕분에 견고한 해자를 보유한 또 다른 사례는 게임 제작사 액티비전 블리자드(Activision Blizzard)입니다. 이 회사의 모든 게임은 저작권법의 보호를 받기 때문에, 회사의 허락 없이 어떤 기업도 해당 게임을 복제하거나 제작할 수 없습니다. 액티비전 블리자드는 '콜 오브 듀티(Call of Duty)'나 '오버워치

---

4   영업 비밀(trade secrets)은 정부가 직접 보호해 주는 권리는 아니지만, 유사 제품의 개발을 어렵게 만드는 해자 역할을 합니다. 예를 들어, 코카콜라의 비밀 레시피는 경쟁사가 모방할 수 없는 핵심 자산으로, 회사에 강력한 경쟁우위를 제공합니다.

(Overwatch)' 같은 인기 타이틀을 보유하고 있어, 경쟁사가 이들의 고객을 빼앗기는 매우 어렵습니다. 유사한 게임이 출시된다 해도, 소비자들은 이를 모방작으로 인식하고 원작만큼의 충성도를 보이지 않습니다. 이처럼 액티비전 블리자드는 독자적이고 충성도 높은 고객층을 확보하고 있으며, 경쟁사가 쉽게 시장에 안착할 수 없는 진입 장벽을 구축하고 있습니다.

지적 재산권은 경쟁으로부터 기업을 보호하는 강력한 수단이며, 이를 보유한 기업은 우수한 투자 대상이 될 가능성이 큽니다. 다만 모든 지적 재산권이나 해자가 동일한 가치를 지니는 것은 아니기 때문에, 투자를 결정하기 전에 그 해자의 질과 지속 가능성을 꼼꼼히 살펴봐야 합니다.

해자의 가장 중요한 특성

해자가 있다고 해서 충분한 건 아닙니다. 중요한 건 그 해자의 방어력이 얼마나 강하냐는 점입니다. 보물을 지키는 단단한 성벽처럼, 견고한 해자를 갖춘 기업에만 투자해야 합니다. 이를 판단하려면 주식을 매수하기 전, 반드시 이렇게 자문해야 합니다. "이 기업의 해자는 경쟁사보다 더 견고한가?"

이 질문은 해자의 실질적인 효과를 가늠하는 핵심 기준입니다. 해자를 보유한 기업은 많지만, 그중 상당수는 경쟁사의 공세를 막아낼 만큼 그 방어력이 강하지 않습니다. 만약 현실적으로 더 강한 경쟁사가 존재한다면, 그 기업의 해자로는 충분하지 않습니다.

예를 들어 지적 재산권이 있는 기업이라 해도 경쟁사의 기술이 더 우수하고 시장성이 더 강하다면, 그 기업의 지적 재산권의 방어 효과는 떨어집니다. 결국 투자 대상은 경쟁의 위협을 실질적으로 차단할 수 있는 해자를 갖춘 기업이어야 합니다. 그렇지 않으면 경쟁은 기업에 큰 부담으로 돌아올 수밖에 없습니다.

한 도넛 가게에 투자할지를 고민한다고 해봅시다. 해자의 방어력을 판단하려면, 경쟁사와 비교해 이 가게가 경쟁우위를 확보할 수 있을지를 따져봐야 합니다. 분석 결과, 도넛 가게 중 던킨도너츠(Dunkin Donuts)는 브랜드 인지도와 제품 품질에서 앞서 있기 때문에 고객을 더 효과적으로 끌어들일 수 있습니다. 다시 말해, 던킨도너츠는 탄탄한 해자를 갖춘 반면, 일반 도넛 가게는 상대적으로 방어력이 약한 셈입니다.

이처럼 해자가 약한 기업에 투자하면, 치열한 경쟁에 휘말려 수익을 지키기가 어려워질 수 있습니다. 반대로 경쟁 분석을 통해 더 강력한 해자를 가진 기업을 발견한다면, 그 자체로 더 나은 투자 기회가 될 수 있습니다.

결국 투자에 앞서 반드시 경쟁 구도를 꼼꼼히 살펴보고, 그 기업의 해자가 실제로 얼마나 견고한지를 확인해야 합니다.

투자 관점에서, 해자가 약한 기업에 자본을 투입하는 것은 합리적이지 않습니다. 특허가 있다 하더라도 제품의 품질이 떨어지면 소비자는 외면할 수밖에 없습니다.

음식 업종도 마찬가지입니다. 아무리 비밀 레시피가 있어도 맛이 경쟁사보다 못하다면 고객의 선택을 받기는 어렵습니다. 브랜드 역시 단지 존재한다고 의미가 있는 것은 아닙니다. 시장에서 인지도가 낮고, 오히려 경쟁사의 브랜드가 더 큰 호응을 얻고 있다면 그 기업은 경쟁에서 밀릴 수밖에 없습니다.[5]

결국 지적 재산권이나 브랜드가 진정한 경쟁력이 되려면, 경쟁사보다 뛰어난 수준이어야 합니다. 단순히 해자가 있다는 사실만으로는 충분하지 않습니다. 그 해자의 질과 방어력을 철저히 검토해야 합니다. 대부분의 기업이 나름의 해자를 가지고 있지만, 시장을 장악할 만큼 강력한 해자를 지닌 기업은 소수에 불

---

5   강력한 제품이나 브랜드 파워가 필요하다는 일반적인 원칙에도 예외는 존재합니다. 바로, 특정 지역에서 필수적인 서비스를 독점적으로 제공하며 사실상 경쟁자가 없는 기업이 그렇습니다. 이 경우 고객은 선택지가 없어 해당 기업의 서비스를 이용할 수밖에 없습니다. 다시 말해, 경쟁이 없다는 사실 자체가 곧 그 기업의 해자 역할을 합니다. 경쟁 부재가 강력한 진입 장벽이 되는 구조에서는, 특별히 뛰어난 브랜드나 제품이 없어도 안정적으로 고객을 확보할 수 있습니다.

과합니다. 투자자로서 우리는 바로 그런, 가장 강한 해자를 가진 기업에 집중해야 합니다.

탁월한 기업의 특징 #2: 산업이 급변하지 않는다

탁월한 투자 기회는 산업의 격변 속에서는 좀처럼 나타나지 않습니다. 산업이 빠르게 변화할수록 투자 위험도 함께 커집니다. 급변하는 산업에는 다음과 같은 공통된 특징이 있습니다.

- 기업이 제공하는 제품이나 서비스가 몇 년 안에 구식이 될 수 있어 끊임없는 혁신이 요구된다.
- 혁신에 실패하면 경쟁사에 고객을 순식간에 모두 빼앗긴다.
- 소비자는 오직 가장 최신의, 품질이 뛰어난 제품만을 원한다.
- 브랜드 파워가 큰 힘을 발휘하지 못하고, 제품의 성능이 구매 결정에 절대적인 영향을 미친다.
- 업계에서 가장 진화한 제품을 가진 기업만이 살아남는다.
- 이처럼 불안정한 산업은 종종 '차세대 대박 종목(next big thing)'이라는 이름으로 주목받는다.

내가 말하는 '급변하는 산업'이란, 앞으로 어떤 기업이 살아남을지 예측하기 어려울 정도로 미래가 불투명한 분야를 뜻합니다. 누가 시장의 주역이 될지 알 수 없기 때문에, 이런 산업에 투자하는 건 큰 불확실성을 안고 가는 셈입니다.

이런 산업에서 기술은 몇 년만 지나도 금세 낡은 것이 됩니다. 경쟁사가 더 나은 제품을 내놓는 순간, 단 한 번의 혁신으로도 기존 기업의 해자는 무너질 수 있습니다. 설령 특허로 기술을 보호하고 있더라도, 경쟁사가 몇 년 안에 더 뛰어난 기술로 새로운 특허를 내면 시장의 주도권을 빼앗기는 건 시간문제입니다.

이처럼 변화 속도가 빠른 산업에 대해 나는 '기술 전쟁'이라고 표현합니다. 기업들은 고객을 지키기 위해 끊임없이 기술을 개선해야 하고, 잠시라도 혁신이 멈추면 곧 경쟁사에 밀리게 되기 때문입니다. 이런 기술 전쟁에 휘말린 기업에 투자하는 것은 매우 위험합니다. 어떤 해에는 뛰어난 기술력으로 시장을 주도하지만, 다음 해에는 더 나은 기술을 앞세운 경쟁사에 주도권을 빼앗길 수 있기 때문입니다.

가치투자자는 기술의 속도보다는 예측 가능한 실적을 내는 기업에 주목할 필요가 있습니다. 예측 가능한 기업은 안정적인 현금흐름을 만들어내고, 이는 곧 미래 수익의 기반이 됩니다. 기업이 앞으로 얼마의 현금을 벌어들일지를 어느 정도 가늠할 수 있다면, 투자에 따르는 위험도 그만큼 줄어듭니다. 마치 매달 일정한 임대료가 들어오는 부동산처럼, 안정적인 현금흐름은 투자 판단에 확신을 더해 줍니다.

일부 기술 분야에서는 혁신 속도가 매우 빠릅니다. 특히 소프트웨어를 개발, 판매하는 일반적인 기업들은 이런 급변하는 산업에 속해 있습니다. 이들 기업의 문제는, 향후 5~10년 내에 자사 제품이 쓸모없어질 가능성이 크다는 점입니다. 만약 경쟁사가 더 뛰어난 제품을 출시하면, 기존 기업은 고객을 잃고 핵심 현금 창출 기반도 급격히 약화합니다. 급변하는 산업에서는 장기적으로 최고의 제품을 유지할 수 있다는 보장이 없기 때문입니다.[6]

이처럼 변화의 속도가 빠른 산업에 속한 기업들은 지속적인 경쟁우위를 갖기 어려우며 장기 투자 대상으로는 위험이 큰 편에 속합니다.

워런 버핏은 기업을 평가할 때 "오래 지속되는 해자"를 중요하게 본다고 말했습니다. 핵심은 바로 '오래 지속된다'는 점입니다. 이상적인 투자처는 해자가 수년, 나아가 수십 년 동안 유지될 수 있는 기업입니다. 반대로 해자가 고작 몇 년 만에 무너질 수 있다

---

[6] 모든 기술 기업이 급변하는 산업에 속하는 것은 아닙니다. 특정 기업이 수년 뒤에도 해당 산업에서 여전히 경쟁력을 유지할 수 있을지 판단하기 어렵다면, 그 산업은 변화의 속도가 매우 빠른 분야라고 볼 수 있습니다. 반대로, 애플처럼 앞으로 수십 년 동안도 최고의 스마트폰을 만들어낼 것이라는 점에 많은 사람이 쉽게 동의할 수 있는 기업이라면, 해당 기업은 급변하는 산업에 속한다고 보기 어렵습니다.

면, 그 기업은 장기적으로 매우 취약해질 수밖에 없습니다.

5년, 10년, 혹은 30년 후에 경쟁에 무방비로 노출될 수 있는 기업에 투자하는 것은 큰 위험을 안고 가는 일입니다. 특히 산업 자체의 변화가 빠를수록 해자가 오래 유지되기 어렵기 때문에, 이런 산업에 속한 기업은 더욱 신중하게 살펴봐야 합니다.

그렇다고 해서 모든 혁신이 나쁘다고 생각할 필요는 없습니다. 모든 기업은 일정한 속도로 꾸준히 혁신하고, 신제품을 선보일 필요가 있습니다. 오히려 이런 점은 건강한 기업 활동의 일부입니다. 주요 레스토랑 체인들이 가끔씩 신메뉴를 출시하는 것도 그 일환입니다. 이는 새로운 고객을 유인하고 매출을 높이기 위한 전략으로, 자연스럽고 긍정적인 혁신입니다. 이런 유형의 변화는 기업의 경쟁력을 높이는 데 도움이 되며, 투자자 입장에서도 충분히 수용 가능한 수준입니다.

혁신 자체가 나쁜 것은 아닙니다. 다만 기업이 경쟁사보다 꾸준히 더 나은 혁신을 이루지 못하면, 생존 자체가 위협받을 수 있음을 경계해야 합니다. 예를 들어, 컴퓨터용 칩을 만드는 제조업체가 자사 칩이 경쟁 제품보다 빠르다는 점을 계속해서 증명하지 못한다면, 곧바로 시장에서 밀려날 가능성이 큽니다.

이처럼 한 번의 혁신 실패만으로도 핵심 고객을 잃고, 현금 창출 능력에 큰 타격을 입을 수 있습니다. 결국 이런 기업에 투자한다는 것은 '경쟁사보다 더 빠르게 혁신할 수 있다'는 가정에 베팅하는 것이며, 이를 예측하는 건 매우 어렵습니다.

반면, 애플 같은 기업은 상황이 다릅니다. 삼성에서 더 나은 카메라를 탑재한 혁신적인 제품을 출시하더라도, 아이폰은 여전히 잘 팔립니다. 왜냐하면 애플이 매우 강력한 브랜드를 보유하고 있기 때문입니다. 애플은 빠른 기술 개발이나 혁신에만 의존하지 않아도 됩니다. 물론 이들도 정기적으로 신제품을 내놓지만, 설령 제품이 삼성보다 다소 뒤처지더라도 많은 소비자들이 여전히 아이폰을 선택합니다. 브랜드가 그만큼 강력한 힘을 발휘하기 때문입니다.

스타벅스도 마찬가지입니다. 시장에서 앞서기 위해 끊임없이 신제품을 출시할 필요는 없습니다. 익숙한 커피 메뉴로 브랜드를 유지하고, 가끔 새로운 음료를 선보이는 정도면 충분합니다. 혁신이 다소 부족하더라도, 스타벅스의 입지를 위협할 경쟁자는 쉽게 등장하지 않습니다.

이처럼 끊임없는 혁신에 의존하지 않아도 되는 기업, 즉 브랜드와 고객 충성도를 기반으로 꾸준히 성장하는 기업에 투자하는 것이 훨씬 더 안정적이고 예측 가능성 높은 전략이 될 수 있습니다.

사람들은 종종 빠르게 변화하는 산업과 빠르게 성장하는 산업을 같은 개념으로 오해합니다. 그러나 이 둘은 분명히 구분되어야 합니다. 변화 속도는 느리더라도 빠르게 성장하는 산업이나 기업은 존재할 수 있기 때문입니다.

애플은 빠르게 변화하는 산업에 속해 있지 않습니다. 경쟁사가 더 나은 스마트폰을 내놓더라도, 애플이 고객을 대거 잃을 가능성은 작습니다. 빠르게 변화하는 산업은 미래가 매우 불확실하고 예측이 어렵지만, 애플이 속한 산업은 예측 가능성이 큽니다. 실제로도 애플은 안정적인 산업 기반 위에서 꾸준한 성장을 이어가고 있습니다.

야후 파이낸스(Yahoo Finance)에 따르면, 애플은 향후 5년간 연평균 약 10%의 수익 성장을 기록할 것으로 전망됩니다. 빠르게 변화하는 산업은 누가 시장을 장악할지 예측하기가 어렵고, 기술 격차로 인해 순식간에 판도가 바뀔 수 있습니다. 반면, 변화 속도가 느린 산업은 미래 흐름을 훨씬 더 명확히 예측할 수 있으며, 그 안에서도 충분한 성장 기회를 품고 있습니다.

투자를 결정하기 전에 꼭 자문해 보아야 할 질문이 있습니다. "이 기업이 향후 수년간 경쟁사보다 우위에 설 수 있을까?"

이 질문을 던져보는 것만으로도, 분석 중인 기업이 '지속 가능한 해자'를 갖추고 있는지를 판단할 수 있습니다. 만약 해당 사업이 수십 년간 안정적으로 존속하며 경쟁에서 밀릴 가능성이 작다고 믿어진다면, 그 기업은 급변하는 산업의 위험에서 상대적으로 자유롭다고 볼 수 있습니다.

물론 산업의 미래를 100% 예측할 수 없습니다. 다만 이런 사고 과정을 거치면서 투자 범위를 예측 가능성이 높은 산업과 장기 경쟁력을 갖춘 기업으로 좁혀나갈 수 있습니다. 이것이 장기 투자자에게 중요한 심리적 안정과 분석의 방향성을 제공합니다.

탁월한 기업의 특징 #3: 재무 건전성

어떤 기업에 투자하기 전 반드시 그 기업이 재무적으로 건전한지 확인해야 합니다.[7] 건실한 재무 구조는 치명적인 투자 실패를 방지하는 중요한 안전장치가 됩니다.

기업의 재무 상태와 경영 성과를 분석할 때 세 가지 재무제표가 활용됩니다. 손익계산서, 대차대조표, 현금흐름표가 그것입니다. 이들 자료는 정기적으로 공시되는 분기 및 연간 사업보고서를 통해 확인할 수 있습니다.

---

[7] "재무적으로 건전하다"라는 표현은 다소 모호할 수 있습니다. 그렇다면 어떤 지표를 통해 기업의 재무 건전성을 판단할 수 있을까요? 일반적으로 재무 건전성이란 손익계산서, 대차대조표, 현금흐름표 등 주요 재무제표가 기업의 재무 안정성을 뒷받침하느냐를 뜻합니다.

왜 재무제표 분석이 필요할까?

사업에서 가장 중요한 것은 결국 숫자입니다. 기업이 얼마나 많은 이익을 냈는지, 전년 대비 실적이 어떻게 변했는지, 부채를 줄였는지 또는 늘렸는지, 앞으로 얼마나 많은 현금을 창출할 수 있을지가 핵심입니다.

재무 구조가 견고하지 않은 사업은 투자 대상으로서 매력이 크게 떨어집니다. 아무리 제품 경쟁력이 뛰어나더라도, 재무 지표가 이를 뒷받침하지 못한다면 지속 가능성과 수익성 모두에 의문이 생길 수밖에 없습니다.

이상적인 사업은 시간이 지날수록 더 많은 잉여현금흐름을 창출할 수 있는 구조를 가지고 있어야 하며, 현재보다 3년 후의 현금 창출력이 더 높아야 합니다. 재무 건전성이 결여된 기업은 이런 성장을 실현하기가 어렵습니다.

장기적이고 지속 가능한 투자 관점에서 가장 중요한 요소 중 하나는, 수십 년간 안정적으로 존속할 수 있는 기업에 투자하는 것입니다. 재무 건전성이 떨어지는 기업은 결국 현금흐름에 제약을 받게 되고, 이는 경영 지속성과 성장성 모두에 부정적인 영향을 미칩니다.

취약한 재무 구조는 비록 단기적으로는 견딜 수 있을지라도, 성장 기회를 포착할 수 있는 유동성과 자본 여력을 갖추기 어렵게 만들며, 장기적인 경쟁력 확보에 결정적인 제약이 됩니다. 따라서 재무제표를 바탕으로 기업의 핵심 지표들을 분석하고 이를 투자 판단에 반영한다면, 장기적으로 높은 수익률을 달성할 가능성이 훨씬 커집니다. 재무제표 분석은 가치투자자의 필수 도구입니다.

재무제표 #1: 손익계산서

손익계산서는 기업이 일정 기간 동안 벌어들인 매출에서 비용을 뺀 순이익을 보여줍니다.[8] 이 재무제표에서 가장 중요한 것은 이익이 해마다 얼마나 안정적으로 성장하고 있는지를 보는 일입니다. 특히 손익계산서 하단에 있는 당기순이익이 매년 증가하고 있다면, 그 기업은 시간이 지날수록 더 많은 돈을 벌고 있다는 의미입니다. 단순하지만, 투자자에게는 매우 중요한 흐름입니다.

---

8   재무제표를 처음 접하는 분이라면, 숫자가 어떤 난위로 표시되는지를 이해하는 것이 중요합니다. 보고서를 제공하는 기관에 따라 숫자는 '1,000' 또는 '100만' 단위로 표시됩니다. 예를 들어, 야후 파이낸스는 재무제표의 숫자를 '1,000'단위로 표기합니다. 따라서 이익 항목에 10|라고 표시되어 있다면 실제로는 1,000달러를 의미합니다. 230,335라고 적혀 있다면, 이는 230,335,000달러가 됩니다. 지표가 1,000단위일 경우 숫자에 0을 3개 더하면 되고, 100만 단위로 표시될 경우 0을 6개 더하면 실제 금액을 파악할 수 있습니다.

다음으로 살펴볼 중요한 지표는 매출입니다. 이익과 마찬가지로 매출도 매년 꾸준히 증가하는지 확인하는 것이 중요합니다. 이는 기업이 지속적으로 성장하고 있다는 신호이기 때문입니다. 다만 일부 경우에는 비용 절감을 통해 매출이 줄어들었는데도 이익은 증가할 수 있습니다.

물론 비용을 효과적으로 관리하는 것도 중요하지만, 매출의 성장은 그에 못지않게 중요합니다. 매출이 증가한다는 것은 해당 기업이 소비자에게 점점 더 매력적으로 다가가고 있거나, 가격을 인상할 수 있는 힘을 갖추고 있다는 뜻이기 때문입니다.

다음으로 살펴봐야 할 지표는 순이익률입니다. 이 수치는 야후 파이낸스의 'Statistics(통계)' 탭에서 확인할 수 있습니다.[9] 순이익률은 순이익을 매출로 나눈 값(순이익 ÷ 매출)으로, 매출 중 어느 정도가 이익으로 남는지를 보여줍니다. 예를 들어, 어떤 기업이 매출 10만 달러에 순이익률 30%를 기록했다면, 순이익은 3만 달러입니다.

---

9   순이익률은 네이버 증권에서 쉽게 확인할 수 있습니다. 방법은 다음과 같습니다. 검색창에 기업명을 입력한 뒤, 개별기업 탭으로 이동하여 종목분석 → Financial Summary 항목을 선택하면 됩니다. 앞으로 이 책에서 "야후 파이낸스에서 확인할 수 있다"라고 언급하는 재무 지표들은 대부분 네이버 증권의 개별기업 탭 - 종목분석 메뉴에서 확인 가능합니다. 그 밖에 증권사 HTS에서도 관련 데이터를 무료로 구할 수 있습니다. 앞으로 특별한 언급이 없을 경우 지금 설명한 것과 동일합니다. - 옮긴이

순이익률은 높을수록 좋습니다. 기업이 매출 대비 더 많은 금액을 이익으로 남기고 있다는 뜻이기 때문입니다. 좋은 주식을 찾고 있다면, 최소한 5% 이상의 순이익률을 기록하는 기업을 고르는 것이 바람직합니다.

순이익률이 5% 미만인 기업은 비용 상승에 대한 완충 여력이 부족하다고 볼 수 있습니다. 기업은 예상치 못한 외부 변수, 예컨대 원자재 가격 상승과 같은 요인으로 인해 갑작스레 비용이 늘어날 수 있습니다. 이미 간신히 수익을 내고 있는 기업이라면, 이런 비용 증가만으로도 현금흐름이 악화되어 적자로 전환될 위험이 큽니다.

이익률이 낮은 기업은 유리 조각처럼 깨지기 쉽습니다. 투자할 때는 언제나 안전을 최우선으로 고려해야 하므로, 순이익률이 최소 5%를 넘어서는 기업을 선택하는 것이 좋습니다.

재무제표 #2: 대차대조표

대차대조표는 기업의 자산과 부채를 보여줍니다. 자산은 말 그대로 기업이 소유한 가치 있는 항목들을 뜻합니다. 여기에는 현금, 건물, 재고 등 다양한 자산이 포함됩니다. 반면, 부채는 기업이 외부에 갚아야 할 의무를 의미합니다.

부채를 "기업이 갚아야 할 의무"라고 표현한 데 주목해야 합니다. 많은 초보 투자자들이 부채를 곧바로 "이자를 붙여 갚아야 하는 빚", 즉 차입금으로 오해하는데 이는 잘못된 인식입니다. 부채란 기업이 미래에 이행해야 할 모든 지급 의무를 포괄하는 개념입니다.

예를 들어 대차대조표에 나타나는 선수수익은 고객으로부터 미리 받은 돈을 뜻하며, 아직 제품이나 서비스를 제공하지 않은 상태입니다. 기업 입장에서는 이를 제공할 의무가 있기 때문에 회계상 부채로 분류되지만, 이는 이자를 붙여 갚아야 하는 차입금은 아닙니다.

차입금은 부채의 한 종류일 뿐이며, 모든 부채가 차입금은 아닙니다. 이 점은 회계를 이해할 때 자주 혼동되는 부분이므로, 분명히 구분할 필요가 있습니다.

부채 중에서 가장 중요하게 분석해야 할 항목은 차입금입니다. 차입금은 기업이 금융기관 등에서 빌린 자금으로, 원금과 이자를 상환해야 하는 금융 부채입니다. 이는 모든 부채 가운데 가장 유용하면서도 동시에 가장 위험한 항목입니다. 기업은 차입금을 통해 단기간에 자금을 조달해 성장과 수익 확대에 활용할 수 있습니다. 하지만 차입금이 과도하면 상황은 달라집니다. 상환 능력을 상실하거나, 이자 부담이 누적되면 결국 기업이 재무적으로 큰 위기에 처하거나 파산에 이를 수 있습니다.

우수한 기업은 차입금을 최소화하면서 장기적으로 자산을 늘려갑니다. 기업이 과도한 차입금을 지고 있는지를 판단하려면, 차입금 의존도를 확인해야 합니다. 차입금 의존도는 총차입금을 총자산으로 나누어 계산하며, 다음과 같은 공식으로 구할 수 있습니다.

차입금 의존도 = (단기 차입금 + 장기 차입금) ÷ 총자산

이때 중요한 점은, 부채 전체가 아닌 차입금만을 자산과 비교한다는 것입니다. 총차입금은 대차대조표에서 '단기 차입금'과 '장기 차입금'을 찾아 더하면 됩니다.[10]

총자산 역시 대차대조표에 명시되어 있습니다. 이 비율을 통해 기업이 보유한 자산 가운데 얼마나 많은 비중이 차입금으로 조달되었는지를 확인할 수 있으며, 기업의 재무 건전성을 평가하는 데 매우 유용한 지표가 됩니다.

차입금 의존도는 낮을수록 바람직합니다. 이는 기업이 차입금

---

10 단기 차입금은 기업이 1년 이내에 상환해야 하는 차입금을 의미합니다. 반면, 장기 차입금은 상환 기간이 1년을 초과하는 경우를 말합니다.
    이 두 항목 모두 기업의 대차대조표에 명확히 구분되어 표시됩니다.

으로 인한 재무적 위험에서 비교적 자유롭다는 의미이며, 외부 금융 부채에 과도하게 의존하지 않고 있음을 보여줍니다. 일반적으로 총차입금 대비 총자산 비율이 0.35 미만이라면, 기업이 보유 자산으로 대부분의 지급 의무를 충분히 감당할 수 있는 것으로 평가됩니다. 반면, 이 비율이 0.6을 초과할 경우, 기업의 재무 구조는 취약하다고 볼 수 있으며, 시장 환경이 악화되면 심각한 재무 위기로 이어질 가능성이 커집니다.

기업의 총차입금을 총자산과 비교하는 것은 해당 기업이 차입금에 얼마나 의존하고 있는지를 판단하는 데 도움이 됩니다. 하지만 차입금 의존도만으로는 충분하지 않으며, 차입금 상환 능력도 함께 분석해야 합니다. 특히 장기 차입금의 상환 가능성을 판단하려면, 이를 잉여현금흐름과 비교하는 것이 중요합니다. 계산 방법은 다음과 같습니다.

$$차입금\ 상환\ 능력 = 장기\ 차입금 \div 잉여현금흐름^{11}$$

차입금 상환 능력도 비율이 낮을수록 좋으며, 이상적으로는 3

---

11 기업의 잉여현금흐름은 현금흐름표에서 확인할 수 있습니다. 잉여현금흐름이 정확히 무엇을 의미하는지는, 이 장 뒷부분에서 보다 자세히 설명해 드리겠습니다.

미만이 바람직합니다. 만약 이 비율이 3을 초과한다면, 기업이 장기 차입금에 과도하게 의존하고 있을 가능성이 크다는 경고 신호로 해석할 수 있습니다.

물론, 차입금이 많다고 해서 반드시 파산으로 이어지는 것은 아닙니다. 그러나 과도한 부채는 기업의 성장 잠재력을 제약할 수 있습니다. 이미 차입금이 많은 상황에서는 경영진이 추가 차입에 소극적일 수 있고, 이는 새로운 사업 기회나 투자 기회를 놓치는 결과로 이어질 수 있습니다. 또 차입금 규모가 클수록 이자비용 부담이 커져, 기업이 성장에 재투자하거나 부채를 상환하는 데 활용할 수 있는 현금이 줄어들게 됩니다.

결국 우리는 기업이 차입금을 계속 쌓아두는 구조가 아니라, 실제로 상환해 나갈 수 있는 재무 구조를 가지고 있는지를 확인해야 합니다. 장기 차입금 대비 잉여현금흐름 비율이 3 미만인 기업은 그런 기준을 충족할 가능성이 큽니다.

또 대차대조표 하단에 표시된 자본총계를 반드시 확인해야 합니다. 자본총계는 자산총계에서 부채총계를 뺀 값으로, 기업의 순자산을 의미합니다. 투자자는 이 수치가 매년 꾸준히 증가하고 있는지 확인해야 합니다. 자본총계가 지속적으로 늘어난다면, 이는 경영진이 기업을 건전하게 운영하고 있음을 나타냅니다.

반대로 자본총계가 줄어들고 있다면 주의가 필요합니다. 이는 기업이 자산을 충분히 늘리지 못하거나 부채가 지나치게 증가하고 있다는 신호일 수 있으며, 결과적으로 경영진의 운영 능력에 의문을 제기할 이유가 됩니다. 이런 경우에는 투자 판단에 있어 경고등이 켜졌다고 볼 수 있습니다.

주식투자 시 알아야 할 핵심 지표

투하자본수익률(return on invested capital, ROIC, 이하 ROIC)은 기업이 조달한 자본을 얼마나 효율적으로 운용하고 있는지를 보여주는 매우 중요한 지표입니다. ROIC는 다음 공식으로 계산할 수 있습니다.

$$ROIC^{12} = \frac{(순이익 - 지급 배당금)}{투하자본} = \frac{(순이익 - 지급 배당금)}{(단기 차입금 + 장기 차입금 + 자본총계)^{13}}$$

대부분의 주식 리서치 웹사이트에서는 ROIC가 이미 계산되어 제공됩니다. 하지만 스스로 계산해 보고 싶다면 필요한 모

---

12 ROIC는 계산 방식에 따라 다양한 공식이 존재하지만, 이 책에서는 가장 실용적이고 간편한 공식을 소개합니다.

든 수치를 기업의 재무제표에서 찾을 수 있습니다. 당기순이익은 손익계산서에서, 지급 배당금은 현금흐름표에서, 단기 및 장기 차입금과 자본총계는 대차대조표에서 확인할 수 있습니다. ROIC 계산 자체보다 더 중요한 것은 이 지표를 어떻게 해석하고 투자에 활용할 것인가입니다.

  ROIC는 투자 수익률(return on investment, ROI)과 유사한 개념으로, 기업이 조달한 자본을 얼마나 효율적으로 운용하고 있는지를 보여줍니다. 예를 들어 ROIC가 5%라면, 기업이 투자한 자본 100달러당 5달러의 수익을 창출하고 있다는 의미입니다. ROIC가 높다면, 기업의 자본 효율성이 높다는 뜻입니다. 즉, 기업이 조달한 자금을 효과적으로 활용해 많은 현금을 벌어들이고 있다는 것이죠. 특히 ROIC가 꾸준히 높게 유지되는 기업은 경영진이 자본을 매우 능률적으로 운용하고 있다는 강력한 신

---

13 일반적으로 ROIC는 '세후 영업이익(NOPAT) ÷ (자기자본 + 총차입금 - 현금성 자산)'으로 계산하는 것이 정확합니다. 이렇게 하면 이자 비용과 금융 구조 영향을 제거하고, 사업 자체의 수익성을 평가할 수 있습니다. 반면, 이 책에서 사용한 '(순이익 - 지급 배당금) ÷ (장단기 차입금 + 자본총계)' 공식은 개념적으로 ROE(Return On Equity, 자기자본이익률)나 ROA(Return On Assets, 총자산수익률)에 더 가깝지만, ROE는 분모에 총자본을, ROA는 분모에 총자산을 쓰므로 동일한 것은 아닙니다. 따라서 이 책에서 이 공식을 ROIC라 부를 수는 있으나, 엄밀한 의미의 ROIC와는 차이가 있습니다. 일반적으로는 ROIC보다 ROE를 더 많이 사용합니다. 따라서 이 책을 읽을 때 ROIC라고 표기된 것은 ROE로 읽어도 무방합니다. 다만 ROIC 공식은 역자 주에 표기된 것을 활용하십시오.
    - 옮긴이

호입니다. 이런 기업은 장기적으로 우수한 투자 대상이 될 가능성이 큽니다.

세계적인 투자자들도 기업을 평가할 때 ROIC를 중요한 기준으로 삼습니다. 미국의 스타트업 투자 프로그램인 '샤크 탱크'를 보면, 투자자들은 창업자에게 늘 이렇게 묻습니다. "지금까지 사업에 얼마나 투자하셨나요?" "그동안 얼마를 벌어 본인이 가져가셨나요?"

첫 번째 질문은 창업자가 실제로 투입한 자본, 즉 투하자본(invested capital)의 규모를 확인하는 것이고, 두 번째 질문은 ROIC의 분자인 '순이익과 배당금'을 파악하려는 것입니다. 투자자들은 이 두 수치를 바탕으로 해당 사업이 자본을 얼마나 효율적으로 활용해 수익을 창출했는지, 즉 ROIC를 가늠합니다. ROIC가 낮은 사업에는 투자자들이 좀처럼 관심을 보이지 않습니다.

'샤크 탱크'에 출연한 한 창업자가 무려 45만 달러를 투자했지만 매출이 전혀 없었다고 말해 투자자들을 경악하게 만들었습니다. 이보다 더 나쁜 상황은 쉽게 떠올리기가 어렵습니다. 수십만 달러를 투입하고도 아무런 수익을 내지 못한 사업에 누가 투자를 하겠습니까?

워런 버핏의 오랜 파트너인 찰리 멍거 역시 ROIC를 기업 분석의 핵심 지표로 꼽습니다. 그는 ROIC에 대해 다음과 같이 말했습니다.

"기업이 투하자본에 대해 높은 수익을 올리고, 그 수익을 다시 높은 수익률로 재투자할 수 있다면, 그 기업은 반드시 성공할 것입니다."

이 말의 핵심은 분명합니다. 기업이 높은 ROIC를 유지하면서 이익을 배당하지 않고 사업에 꾸준히 재투자할 수 있다면, 장기적으로 막강한 성과를 낼 수 있다는 뜻입니다. 높은 ROIC가 복리로 작용할 수 있는 구조이기 때문입니다.

예를 들어 어떤 기업이 ROIC 10%를 매년 유지하고, 배당금을 지급하지 않으며, 벌어들인 모든 이익을 다시 사업에 재투자한다고 가정해 봅시다. 그리고 올해 기업의 투하자본이 100달러라고 한다면, 올해 당기순이익은 10달러가 될 것입니다.

10% ROIC × 투하자본 100달러 = 순이익 10달러 - 배당금 0달러

기업이 올해 순이익 10달러를 벌고 이를 전액 재투자한다면, 다음 해 투하자본은 110달러로 늘어납니다. 이 자본에 10%의 수익률을 적용하면 순이익은 11달러가 되고, 이 역시 재투자되

면 그다음 해 투하자본은 121달러가 됩니다. 이처럼 매년 10%의 ROIC를 유지하면, 수익은 해마다 복리로 증가하게 됩니다.

높은 ROIC는 기업에 복리 이자와 같은 역할을 합니다. 기업이 오랜 기간 높은 ROIC를 유지할 수 있다면, 실적은 기하급수적으로 성장하게 됩니다. 따라서 투자자는 높은 ROIC를 지속적으로 기록하는 기업에 주목해야 합니다. 특히, 기업의 규모가 커짐에도 불구하고 ROIC를 안정적으로 유지하고 있다면, 이는 경영진이 더 많은 자본을 효과적으로 운용할 수 있다는 방증이며, 그 기업의 투자 매력을 더욱 높여줍니다.

성장과 수익성 두 가지를 모두 갖춘 기업에 투자하고 싶은 마음이 드는 것은 어찌 보면 당연한 일입니다.

좋은 수익을 얻기 위해서는 ROIC가 10%를 초과하고, 이를 장기간 10% 이상으로 유지할 수 있는 기업에 투자하는 것이 중요합니다(배당주에 투자하는 경우는 예외입니다)[14]. ROIC가 10%를 초과한다는 것은 해당 기업이 탁월한 자본 운용 능력과 높은 수익 창출력을 갖추고 있다는 뜻입니다. 이는 기업이 상당한 규모의 자

---

14 ROIC는 투하자본 대비 기업 내부에 유보되는 순이익의 비율을 나타냅니다. 배당금을 많이 지급하는 기업은 당기순이익의 상당 부분을 주주에게 배당으로 분배하기 때문에, 기업 내에 남는 이익이 줄어들 수밖에 없습니다. 따라서 ROIC는 자연스럽게 낮게 나타나게 됩니다. 이런 이유로, 배당주에서 높은 ROIC를 기대하는 것은 현실적이지 않습니다.

본을 효과적으로 활용해 지속적인 투자 수익을 낼 수 있는 구조를 갖추고 있다는 신호이기도 합니다.

이처럼 지속적으로 높은 ROIC를 기록하는 기업은, 비록 완벽한 가격에 매수하지 못하더라도 장기적으로 우수한 주가 성과를 기대할 수 있습니다. 다만, 과거에도 ROIC가 높았고 그 수치가 시간이 지나면서 하락하지 않았는지 확인하는 것이 중요합니다. 이를 통해 향후에도 높은 ROIC를 유지할 수 있다는 신뢰를 확보할 수 있으며, 이는 해당 기업의 지속적인 성장 가능성을 판단하는 데 중요한 근거가 됩니다.

ROIC는 기업의 질을 판단하는 가장 핵심적인 지표입니다. 만약 재무 지표 중 하나만 선택해야 한다면, ROIC를 가장 우선적으로 검토해야 합니다. ROIC는 기업의 자본 효율성과 경영진의 자금 운용 능력을 동시에 반영하는 만큼, 이를 간과하는 것은 투자 판단의 치명적인 오류로 이어질 수 있습니다.

재무제표 #3: 현금흐름표

현금흐름표는 기업이 현금을 어떻게 조달하고 지출하는지를 보여주는 재무제표입니다. 투자나 회계를 처음 접하는 분이라면, 현금흐름표와 손익계산서가 어떻게 다른지 궁금할 수 있습니다. 두 문서 모두 기업이 얼마의 현금을 벌어들이고, 어디에 쓰는지를 보여주는 것처럼 보이기 때문입니다.

하지만 두 재무제표 사이에는 중요한 차이가 있습니다. 현금흐름표는 실제 현금의 유입과 유출을 엄격하게 추적하는 반면, 손익계산서는 GAAP에 따라 감가상각과 같은 비현금성 비용까지 포함합니다. 이 차이에 대해서는 앞 장에서도 간략히 언급한 바 있습니다. 이제 본 장에서는 현금흐름표의 핵심 항목들을 좀 더 깊이 들여다보며, 이를 어떻게 해석하고 투자에 활용할 수 있는지를 살펴보겠습니다.

현금흐름표는 크게 세 가지 항목으로 구성됩니다. 영업활동(에 따른) 현금흐름, 투자활동(에 따른) 현금흐름, 재무활동(에 따른) 현금흐름이 그것입니다.

영업활동 현금흐름은 기업이 본업(제품 생산 및 서비스 제공)을 통해 실제로 벌어들인 현금을 보여줍니다. 즉, 기업의 핵심 사업이 얼마의 현금을 창출하고 있는지를 나타내는 항목입니다.

투자활동 현금흐름은 장기적인 자산의 매입이나 처분 등으로, 현금이 어떻게 변화했는지를 보여줍니다. 예를 들어 공장 설비나 기계, 부동산 같은 비유동자산의 매입은 현금 유출로 기록되고, 처분 시에는 유입으로 나타납니다.

재무활동 현금흐름은 기업이 외부 자금을 어떻게 조달하거나

[표 2-1] 메타 플랫폼 영업활동 현금흐름(2019)

단위: 1,000달러

구분	최근 12개월
영업활동 현금흐름	
당기순이익	18,485,000
감가상각비 및 무형자산상각비	5,741,000
이연법인세	-37,000
주식보상비용	4,836,000
운전자본 변동	7,250,000
매출채권	-1,961,000
매입채무	113,000
기타 운전자본	21,212,000
기타 비현금성 항목	39,000
영업활동에 따른 순현금	36,314,000

상환했는지를 보여줍니다. 여기에는 차입금 조달 및 상환, 주식 발행, 배당금 지급 등이 포함됩니다. 이 항목은 기업의 자금 조달 전략과 배당 정책 등을 이해하는 데 도움이 됩니다.

[표 2-1]은 메타 플랫폼(Meta Platforms, 구 페이스북)의 2019년 현금흐름표 중 일부로, 야후 파이낸스에서 발췌한 실제 자료입니다. 현재 살펴보는 항목은 영업활동 현금흐름입니다.

현금흐름표의 첫 번째 항목인 당기순이익은 손익계산서의 마지막 줄과 동일한 수치입니다. 이 수치는 GAAP 기준으로 산출된 것으로, 감가상각비와 기타 비현금성 항목이 반영된 후의 순이익을 의미합니다.

앞서 설명했듯이, 수익은 이를 발생시킨 비용과 동일한 기간에 인식되어야 합니다. 다시 말해, 비용은 해당 비용이 창출한 수익과 같은 회계기간(분기 또는 연도)에 반영되어야 합니다. 이를 GAAP의 수익-비용 대응 원칙(Matching Principle)이라고 합니다.

예를 들어, 메타 플랫폼이 사무용 책상과 컴퓨터를 총 1만 달러에 구입했다고 가정해 봅시다. 이 자산들은 앞으로 수년 동안 수익 창출에 기여하게 됩니다. 이 예에서는 책상과 컴퓨터의 내용연수를 5년으로 보고, 5년 후에는 교체해야 한다고 가정합니다. GAAP의 수익-비용 대응 원칙에 따르면, 이 비용을 구입한 해에 전액 비용으로 처리할 수는 없습니다. 대신, 자산이 실제로 사용되는 5년 동안 비용을 나누어 인식해야 합니다.

만약 구입 시점에 1만 달러 전액을 한 해에 모두 비용 처리한다면, 이 자산이 수익을 창출하는 5년이라는 시간과 비용이 대응되지 않아 수익-비용 대응 원칙에 어긋나게 됩니다. GAAP 기준에 따라, 이 자산의 잔존가치는 0으로 보고, 감가상각은 정액법(straight-line method)을 적용합니다. 따라서 매년 2,000달러씩 감가상각비로 인식하게 되며, 5년에 걸쳐 총 1만 달러가 비용 처리

됩니다.[15] 이처럼, 유형자산의 취득 원가를 여러 회계기간에 걸쳐 나누어 비용으로 인식하는 과정을 감가상각(depreciation)이라고 합니다.

GAAP에 따라 감가상각을 하는 회계 처리는 수익과 비용을 미래로 이연시키기 때문에, 투자자에게 혼란을 줄 수 있습니다.

GAAP에 따른 감가상각 지표는 기업의 실제 현금 창출 능력을 제대로 보여주지 못해 투자 판단에서 착오를 일으킬 수 있습니다.

연간 매출이 10만 달러인 기업이 올해 100만 달러짜리 유형자산을 취득해 향후 10년간 사용할 계획이라고 가정해 봅시다. 이 경우, 순이익은 앞으로 10년 동안 0으로 나타날 수 있습니다. 다른 비용이 없다고 가정할 때, 매년 10만 달러의 감가상각비가 발생하면서 같은 금액의 매출을 상쇄하기 때문입니다(GAAP의 수익-비용 대응 원칙에 따라, 해당 자산은 10년에 걸쳐 비용으로 처리되어야 하며, 이는 기업이 매년 10만 달러의 매출을 올리더라도 같은 금액의 감가상각비가 발생해 순이익이 0이 되는 구조를 만듭니다).

---

15   회계에서는 감가상각을 계산하는 다양한 방법이 있지만, 이 예에서는 이해를 돕기 위해 정액법을 사용했고, 잔존 가치는 0으로 가정했습니다. 이렇게 한 이유는 현금흐름표의 기본 개념을 보다 쉽게 이해할 수 있도록 하기 위해서입니다. 이 책의 목표는 회계를 가르치는 것이 아니라, 투자 방법을 알려주는 것이기 때문입니다.

결국, 이 기업은 현금으로 충분히 수익을 내고 있음에도 불구하고, 재무제표상으로는 성과가 거의 없는 것처럼 보이게 됩니다. 그러나 다른 관점에서 보면, 이 기업은 100만 달러를 투자하여 매년 10만 달러를 회수하고 있는 셈입니다. 즉, 투자 원금 대비 연 10%의 수익을 올리고 있는 것입니다. 대부분의 투자자는 이 시각이 기업의 실질적인 성과를 더 정확히 보여준다고 판단합니다.

바로 이런 이유로 현금흐름표가 존재합니다. 현금흐름표는 실제로 기업에 유입되거나 유출된 현금만을 추적해, 해당 기업의 현금 창출 능력을 보다 명확하게 보여줍니다.

현금흐름표는 비현금성 비용이 포함된 순이익에 적절한 조정을 가해, 실제 현금흐름만을 보여주는 재무제표입니다. [표 2-1] 메타 플랫폼의 현금흐름표를 보면, 영업활동에 따른 현금흐름을 계산할 때 순이익에 여러 항목을 더하거나 빼는 방식으로 조정하고 있습니다.

순이익 184억 달러에는 현금이 실제로 유출되지 않은 감가상각비 57억 달러가 이미 차감되어 있으므로, 현금흐름표에서는 이 금액을 다시 더해 감가상각의 영향을 제거합니다. 이런 조정을 통해, 기업이 실제로 창출한 현금의 규모를 보다 정확히 파악할 수 있습니다.

[표 2-1][16] 메타 플랫폼 영업활동 현금흐름(2019)

단위: 1,000달러

구분	최근 12개월
영업활동 현금흐름	
당기순이익	18,485,000
감가상각비 및 무형자산상각비	5,741,000
이연법인세	-37,000
주식보상비용	4,836,000
운전자본 변동	7,250,000
매출채권	-1,961,000
매입채무	113,000
기타 운전자본	21,212,000
기타 비현금성 항목	39,000
영업활동에 따른 순현금	36,314,000

감가상각 외에도 이연법인세, 주식보상비용, 매출채권, 매입채무 등 다양한 비현금성 항목들이 유사한 방식으로 조정됩니다. 손익계산서에 보고된 당기순이익에서 이런 비현금성 항목들을 더하고 차감하면서, 기업에 실제로 유입된 현금의 규모를 보다 정확히 계산할 수 있습니다. 이런 조정을 거치면, 핵심 영업활

---

16   독자의 이해를 돕기 위해 원서는 같은 표를 반복해서 사용할 때가 있습니다. 이런 경우, 번역서에서 표 번호와 제목을 동일하게 두었습니다. 똑같은 표가 반복되어도 오류가 아님을 알려드립니다. - 편집자

동을 통해 기업에 실제로 유입되거나 유출된 현금이 얼마인지 훨씬 더 정확히 파악할 수 있게 됩니다.

메타 플랫폼의 현금흐름표에 따르면, 이 기업은 핵심 영업활동을 통해 약 363억 달러의 현금을 창출했습니다. 영업활동 현금흐름 363억 달러는 메타가 실제로 창출한 순현금 규모를 온전히 보여주지 않습니다. 영업활동 현금흐름은 상품을 사고팔거나 서비스를 제공하는 핵심 사업 활동과 관련된 수입과 지출만을 반영합니다. 이 수치는 기업의 장기적인 성장을 위한 재투자 비용, 즉 자본적 지출(capital expenditures, CapEx)을 포함하고 있지는 않습니다.

따라서 기업의 실질적인 현금 유입과 유출을 보여주는 진정한 지표인 잉여현금흐름을 계산하려면, 영업활동 현금흐름에서 자본적 지출을 차감해야 합니다.

자본적 지출(CapEx)

자본적 지출은 일반적으로 현금흐름표의 투자활동 현금흐름 항목 아래에 표시됩니다. 야후 파이낸스 기준으로는 현금흐름표의 끝에서 두 번째 줄에 위치해 있습니다.

자본적 지출(CapEx)이란 기업이 현금 창출 능력을 유지하거나 확대하기 위해 장기 자산에 지출한 금액을 의미합니다.[17] 구체적으로 신규 설비, 기계, 건물 등 영업활동 현금흐름에는 포함되지 않는 유형자산 투자에 사용된 현금을 말합니다.

기업이 제품이나 서비스를 판매하여 창출한 순현금을 나타내는 영업활동 현금흐름에서, 유형자산에 사용된 자본적 지출을 차감하면 기업이 실제로 순수하게 창출한 현금 규모를 알 수 있습니다. 이를 잉여현금흐름이라고 부릅니다.

잉여현금흐름은 말 그대로, 기업이 필수 지출을 모두 마친 뒤에도 추가로 남는 현금을 의미합니다. 이를 부동산 임대사업에 비유하면, 임대료 수익에서 운영비용과 건물 유지·보수 등 재투자 비용을 모두 뺀 뒤에 남는 돈과 같습니다. 즉, 부동산이 실제로 손에 쥐여주는 순현금과 잉여현금흐름은 같은 개념입니다.

만약 당신이 한 기업을 통째로 소유하고 있다면, 잉여현금흐름은 온전히 당신 몫입니다. 당신은 그 돈으로 새 차를 사도 되고, 부채를 갚거나, 그냥 현금으로 쥐고 있어도 됩니다. 사용처는 전적으로 본인의 판단에 달려 있죠.

하지만 일반 투자자의 입장에서 상장기업에 투자할 경우, 그 잉여현금흐름을 어떻게 사용할지는 경영진의 몫입니다. 대부분

---

[17] 장기 자산에 대한 더 일반적인 용어는 유형자산입니다.

의 경우, 경영진은 이 현금을 부채 상환, 배당금 지급, 또는 미래 사업을 위한 내부 유보(현금 비축) 등에 활용합니다.

탁월한 기업의 특징 #4: 예측 가능한 잉여현금흐름

잉여현금흐름은 기업에 투자할 때 가장 중요하게 살펴봐야 할 핵심 지표 중 하나입니다. 왜냐하면 잉여현금흐름은 기업이 실제로 얼마나 많은 현금을 창출하고 있는지를 가장 정확하게 보여주기 때문입니다. 부동산이든 기업이든, 투자 대상이 앞으로 얼마만큼의 현금을 만들어낼 수 있는지를 알게 되면, 원하는 수익률을 얻기 위해 얼마를 지불해야 할지 판단할 수 있습니다. 잉여현금흐름은 다음 장에서 다룰 주식의 내재가치 계산에도 핵심이 됩니다.

그 전에 먼저 이 점을 확인해야 합니다. "현금흐름표에서 잉여현금흐름이 꾸준히 증가하고 있는가?" 이 지표가 매년 증가한다는 것은, 기업이 해가 갈수록 더 많은 현금을 벌어들이고 있다는 뜻입니다. 우리는 보유한 자산이 시간이 지날수록 더 많은 현금을 만들어내길 기대합니다.

과거의 잉여현금흐름 증가보다 더 중요한 것은, 앞으로의 잉여현금흐름이 예측 가능한가입니다. 이를 위해서는 기업이 현금흐름을 스스로 통제할 수 있어야 하며, 외부 요인에 크게 의존하는 기업은 투자에 적합하지 않습니다.

잉여현금흐름이 비교적 안정적인 사례는 대표적으로 표준화된 상품을 원재료로 사용하는 기업을 들 수 있습니다.[18] 표준화된 상품은 품질과 규격이 동일하기 때문에, 기업은 가장 저렴한 공급처에서 원재료를 선택할 수 있습니다. 가격은 수요와 공급에 따라 변동하지만, 예측 가능한 범위 내에서 움직이는 경우가 많아 원가 관리가 용이합니다. 이처럼 비용 구조가 안정적이면 잉여현금흐름도 예측 가능해지고, 기업의 장기적인 현금 창출력도 더 신뢰할 수 있게 됩니다.

매출의 대부분을 원자재나 범용제품 같은 표준화된 상품에 의존하는 기업에 투자할 때는 특히 신중해야 합니다. 그 이유는 간단합니다. 표준화된 상품의 미래 수급과 가격은 누구도 정확히 예측할 수 없기 때문입니다. 정치적 변수 하나만으로도 공급이나 수요가 급변할 수 있으며, 새로운 기술의 등장이나 아직 발견되지 않은 자원 매장량도 가격과 공급 구조에 큰 영향을 줄 수 있

---

18   표준화된 상품(commodity, 원자재 또는 범용제품)이란, 다른 제품을 생산할 때 사용되는 동일한 규격의 투입재를 말합니다. 규격이 동일하기 때문에 '표준화된' 상품이라 부르며, 어떤 공급처에서 구입하더라도 본질적으로 동일한 품질과 기능을 갖습니다. 즉, A 기업에서 구매한 원자재나 상품은 B 기업에서 구매한 동일한 품목과 사실상 차이가 없습니다.

습니다. 여기에 소비자 트렌드의 변화까지 더해지면, 수요는 순식간에 바뀔 수 있습니다.

이처럼 예측이 불가능한 요소가 너무 많은 상품에 매출을 의존하는 기업 역시 실적을 안정적으로 예측하기가 어렵습니다. 결국, 이런 기업의 현금 창출 능력과 잉여현금흐름도 본질적으로 예측 불가능하다고 볼 수 있습니다.

기업의 미래 현금 창출 능력을 대략이라도 가늠할 수 없다면, 그 기업을 얼마에 매수해야 할지 결정할 수 없습니다. 이는 부동산을 구입할 때 수익성과 현금흐름을 반드시 따지는 것과 같습니다. 그렇게 하지 않은 투자는 기대만 가득한 도박에 불과합니다. 예측할 수 없는 잉여현금흐름을 가진 기업에 투자하는 것도 마찬가지로, 단지 운이 따르길 바라는 행위일 뿐입니다.

투자는 그런 기대감에 맡겨서는 안 됩니다. 반드시 좋은 수익을 낼 수 있다는 근거 있는 확신이 있어야 합니다. 따라서 투자 전에 반드시 확인해야 할 것은, 그 기업의 잉여현금흐름이 예측 가능한가 여부입니다. 이 점이 불확실하다면, 그 투자 역시 불확실할 수밖에 없습니다.

잉여현금흐름을 쉽게 예측하기 어려운 기업 유형은 다음과 같습니다.

기업이 하나 또는 소수의 고객에 의존하는 경우

이런 기업은 다른 기업의 결정에 따라 현금흐름이 바뀌기 때문에, 장기적으로 잉여현금흐름을 예측하기가 어렵습니다. 고객사가 "더 이상 거래하지 않겠다"라고 선언하는 순간, 현금흐름은 단번에 마이너스로 전환될 수 있습니다. 몇 년 후에도 주요 고객이 그대로 남아 있을지 확신할 수 없기 때문에, 고객 기반이 좁은 기업은 미래의 현금 창출력을 신뢰할 수 없습니다.

이 같은 불확실성은 주로 B2B(기업 간 거래) 모델에서 자주 나타납니다.[19] 대부분의 사업보고서에는 주요 매출처에 대한 정보가 포함되어 있습니다. 투자 전에 고객이 충분히 다각화되어 있는지 반드시 확인해야 합니다.

현재 기업의 잉여현금흐름이 마이너스인 경우

기업이 잉여현금흐름을 전혀 창출하지 못하고 있다면, 이런 기업에 투자하는 것은 매우 신중해야 합니다. 언제부터 현금을 벌기 시작할지, 그리고 벌더라도 어느 정도 수준일지 예측하기 어렵기 때문입니다. 이런 경우 대부분은 수익을 내기 위해 필요

---

19 B2B는 기업 간 거래(business to business)를 의미하며, 제품이나 서비스를 다른 기업에 판매하는 사업 모델을 말합니다. 반면 B2C(business to consumer)는 제품이나 서비스를 최종 소비자에게 직접 판매하는 형태를 뜻합니다.

한 변화가 언제 일어날지 알 수 없고, 경영진의 조처가 실제로 효과를 낼지도 불확실합니다.

이처럼 수익을 내지 못하는 기업의 미래 현금흐름에는 불확실성이 크므로, 가까운 시일 내에 수익 전환이 확실시되지 않는다면 투자 대상에서 제외하는 것이 바람직합니다. 흔히 이런 기업들이 '차세대 대박주'로 소개되기도 하지만, 실제로는 기대에만 의존한 불확실한 투자인 경우가 많습니다.

매출의 대부분을 표준화된 상품에 의존하는 기업

앞서 설명했듯이, 이런 기업은 원자재나 범용제품에 기반해 매출을 올립니다. 문제는 이들 상품의 가격과 수요가 외부 요인에 크게 영향을 받기 때문에, 장기적으로 얼마나 많은 현금을 창출할 수 있을지 예측하기가 어렵다는 점입니다. 현금 창출력에 대한 대략적인 가늠조차 어렵다면, 기업의 적정 가치를 평가하기도 어렵습니다. 따라서 이런 기업에 투자하는 것은 바람직하지 않습니다.

매출 변동성이 큰 기업

투자 대상 기업의 매출이 안정적이고 상승 추세에 있는지 반드시 확인해야 합니다. 매출이 크게 변동한다면, 잉여현금흐름 역시 예측하기 어렵다는 의미입니다. 매출이 들쭉날쭉한데 현금흐름이 안정적일 수는 없습니다. 따라서 손익계산서를 꼼꼼히 살펴보는 것이 중요합니다. 매출이 꾸준히 증가하는 기업이라면, 그만큼 잉여현금흐름도 예측 가능할 확률이 높습니다.

해자가 없거나 산업 변화가 급격한 기업

탁월한 기업은 일반적으로 견고한 해자를 보유하고 있고, 사업 환경이 급격히 변하지 않는 산업에 속해 있습니다. 이 두 가지 요소는 잉여현금흐름을 예측 가능하게 만드는 핵심 요인입니다. 해자가 강하면 경쟁자의 침입을 막을 수 있고, 산업 변화가 완만하면 새로운 경쟁자의 진입 가능성도 낮아집니다. 결과적으로 기업은 안정적으로 현금을 창출할 수 있으며, 이는 투자 판단에 있어 매우 중요한 기반이 됩니다.

제2장 서약서

투자 성공의 절반은 탁월한 기업을 알아보고 투자할 수 있는 능력에 달려 있습니다. 이런 기업은 설령 완벽한 가격에 매수하지 못했더라도, 시간이 지남에 따라 복리의 힘으로 큰 수익을 안겨줍니다. 따라서 다음과 같은 약속에 동의하는 것이 매우 중요합니다.

나, _____은/는 아래의 조건을 갖춘 탁월한 기업에만 투자할 것임을 약속합니다.

- 경쟁사 대비 명백히 우수한 사업 성과를 내고 있을 것
- 강력한 브랜드를 보유하고 있거나, 특정 지역에서 자연독점 지위를 가지고 있거나, 경쟁력 있는 지적 재산권 중 하나 이상을 확보하고 있을 것
- 산업 환경이 급변하지 않고 비교적 안정적일 것
- 순이익률이 5% 이상, ROIC가 10% 이상, 차입금 의존도가 0.35 미만이며, 장기 차입금/잉여현금흐름 비율이 3 미만일 것
- 잉여현금흐름이 예측 가능할 것

제3장
2단계: 적정한 매수 가격을 판단하는 법

탁월한 기업을 찾았다면, 이제 그 기업을 좋은 가격에 매수하는 일이 남았습니다. 좋은 가격이란, 그 기업이 앞으로 창출할 현금흐름에 비해 적절하게 지불할 금액을 의미합니다. 이는 마치 돈을 교환하는 것과 같습니다. 오늘 돈을 지불하고, 미래에 더 많은 돈을 벌어줄 자산을 손에 넣는 것이죠.

이때 중요한 것은, 미래에 받을 현금이 현재보다 가치가 낮다는 점입니다. 예를 들어 2년 뒤에 받을 1달러는, 지금 당장 받는 1달러만큼의 가치를 지니지 않습니다. 따라서 기업이 앞으로 창출할 잉여현금흐름을 먼저 추정하고, 그 현금들이 현재 시점에서 얼마의 가치를 갖는지를 계산해야 합니다.

즉, 미래 현금흐름을 현재가치로 할인해 합산하는 과정이 필요합니다. 이 과정을 통해 기업에 얼마를 지불해야 할지, 즉 주식의 적정 매수 가격은 얼마일지 판단할 수 있게 됩니다.

이 장에서 다룰 주요 주제는 다음과 같습니다.

- 성공적인 주식투자자가 되기 위한 두 번째 단계
- 주식을 좋은 가격에 매수하기 위한 계산 방법
- 주식이 미래 잉여현금흐름을 예측하는 실질적인 접근법
- 시간이라는 요소가 돈의 가치에 미치는 영향

> "내재가치는 단순히 이렇게 정의할 수 있습니다.
> 기업의 남은 수명 동안 그 기업이 창출할 수 있는
> 모든 현금흐름을 현재가치로 환산한 금액입니다."
>
> - 워런 버핏

주식을 매수하기에 이상적인 가격을 찾기 위해서는 기업의 내재가치를 계산할 수 있어야 합니다. 내재가치는 이 책에서 다루는 가장 핵심적인 개념 중 하나입니다. 이번 장에서 내재가치를 어떻게 계산하는지 단계별로 설명하겠습니다.

하지만 본격적인 계산 예제를 살펴보기 전에, 먼저 내재가치 개념을 쉽게 이해할 수 있도록 단순한 가상의 사례부터 살펴보겠습니다.

어떤 기업이 단 2년 동안만 운영된다고 가정해 봅시다. 그리고 당신은 이 기업이 매년 100달러의 잉여현금흐름을 창출할 것이라는 사실을 알고 있습니다. 즉, 영업비용을 빼고 유형자산에 대한 투자를 모두 마친 후에도, 이 기업엔 현금이 매년 100달러가 순수하게 남는다는 뜻입니다.

지금 다음 질문을 읽고, 잠시 멈춰서 생각해 보세요.

"만약 어떤 기업이 앞으로 2년 동안, 해마다 100달러씩 잉여현금흐름을 창출한다면, 그 기업의 가치는 얼마일까요?"

이 질문을 여러 사람에게 던져보면, 가장 흔히 돌아오는 대답은 아마도 "나는 이 기업에 200달러를 지불할 의향이 있습니다"일 것입니다. 논리적으로 생각하면 그럴듯합니다. 앞으로 2년 동안 총 200달러의 현금을 벌어들일 테니, 기업의 가치는 200달러여야 할 것 같습니다.

하지만 이런 답은 돈의 시간가치(time value of money)를 반영하지 않은 계산의 결과입니다. 이 개념을 이해하기 위해 다음과 같은 상황을 가정해 봅시다. 어떤 기업의 현금 사정이 매우 어려워, 이번 급여일에 모든 직원에게 제때 급여를 지급할 수 없게 되었다고 합시다. 당신이 받아야 할 급여는 2,000달러입니다.

그런데 사장님이 당신에게 이렇게 제안합니다. "5년 후에 급여를 받겠다고 동의한다면 2,500달러를 주겠다." 즉, 5년을 기다리는 대가로 500달러를 더 주겠다는 것입니다. 약간의 인내만으로 더 많은 돈을 받을 수 있으니, 이 제안은 매력적으로 보일 수도 있습니다.

하지만 조금만 생각해 보면, 지금 당장 돈을 받는 편이 훨씬 더 현명할 수 있습니다. 왜냐하면 돈에는 시간가치가 있기 때문입니다. 손에 빨리 들어온 돈일수록 더 오랜 시간 동안 복리로 불려 수익을 낼 기회가 많아지기 때문입니다.

당신이 지금 2,000달러 급여를 받았다고 가정해 봅시다. 이 돈을 연 10% 수익이 나는 주식에 투자했다면, 5년 후에는 약 3,220.98달러가 됩니다(단순화하기 위해 수수료, 세금, 인플레이션은 고려에서 제외함). 이 금액은 5년 뒤에 받게 될 2,500달러보다 훨씬 큽니다.

따라서 "지금 2,000달러를 받을 것인가, 아니면 5년 뒤에 2,500달러를 받을 것인가"라는 질문에 답하기 위해서는, 오늘의 2,000달러가 시간이 지나면 얼마가 될지를 먼저 계산해 봐야 합니다. 본질적으로 오늘 2,000달러를 갖는 것은 5년 뒤에 3,220.98달러를 갖는 것과 같기 때문입니다.

당신이라면 어떤 선택을 하겠습니까? 5년 뒤 2,500달러를 받겠습니까, 아니면 지금 2,000달러를 받아 5년 뒤 3,220.98달러를 만들겠습니까? 나는 당연히 후자를 선택하겠습니다.

당신은 돈의 시간가치를 이해하고 있었기 때문에 사장님에게 지금 급여를 달라고 요청했고, 사장님은 마지못해 동의합니다. 하지만 당신의 많은 동료는 단순히 '더 큰 금액'이 타당해 보인다는 이유로 2,500달러를 5년 후에 받기로 합니다. 이들은 아직 돈의 시간가치를 제대로 이해하지 못하고 있는 것입니다. 그래서 당신은 동료들이 더 나은 판단을 내릴 수 있도록 돕기로 합니다.

　당신에게 3명의 동료가 있고, 각각의 급여는 [표 3-1]과 같습니다. 모든 동료는 두 가지 선택지 중 하나를 고를 수 있습니다. 5년 후에 2,500달러를 받거나, 오늘 자신이 받을 수 있는 급여를 받는 것입니다. 이 중 어떤 선택이 더 현명한지는, 당신이 앞서 판단했던 것과 같은 방식으로 계산해 보면 알 수 있습니다.

　하지만 동료마다 같은 계산을 반복해야 하므로 시간이 꽤 걸릴 수 있습니다. 그래서 이번에는 거꾸로 생각해 보겠습니다. 각

[표 3-1] 동료 3명의 현재 급여

단위: 달러

동료	급여의 가치(오늘 받을 수 있는 금액)
A	1,700
B	1,300
C	1,000

동료의 현재 급여를 기준으로 미래 금액을 계산하는 대신, 5년 후 2,500달러가 오늘 기준으로 얼마의 가치가 있는지를 먼저 계산해 보는 것입니다.[1]

동료들이 더 나은 결정을 내릴 수 있도록 돕기 위해, 5년 후에 받게 될 2,500달러의 현재가치를 먼저 계산해 보겠습니다. 이렇게 하면, 지금 받는 돈과 5년 뒤에 받는 돈 중 어느 쪽이 더 가치 있는지 비교할 수 있게 됩니다. 계산은 다음과 같은 방식으로 진행합니다.

$$현재가치 = 2,500달러 \div (1 + 0.1)^5$$

이렇게 하면 5년 후에 받게 될 2,500달러의 현재가치를 계산할 수 있습니다. 여기서 중요한 점은 돈에는 시간가치가 있다는 사실입니다. 같은 금액이라도 더 빨리 받을수록 더 가치가 크기

---

[1] 미래 가치는 투자에서 꼭 알아야 할 개념입니다. 쉽게 말해, "지금 가진 돈이 앞으로 얼마나 불어날 수 있을까?"를 계산하는 것입니다. 예를 들어, 지금 1,000달러를 투자하면 몇 년 뒤에 얼마가 될지를 따져보는 것이죠. 반대로, 현재가치는 "나중에 받을 돈이 지금으로 따지면 얼마의 가치일까?"를 뜻합니다.
예를 들어, 5년 뒤에 1,000달러를 받기로 했다고 해보겠습니다. 그렇다면 "지금 당장 얼마를 받아야, 5년 뒤에 1,000달러를 받는 것과 같은 걸까?"가 바로 현재가치를 계산하는 것입니다. 이처럼 현재가치는 "돈은 이자 때문에 시간이 지날수록 가치가 변한다"는 사실을 반영한 개념입니다. 미래에 받을 돈이 있다고 해도, 그 돈을 지금 받을 수 있다면 더 빨리 쓰거나 투자해서 불릴 수 있기 때문에 가치가 더 높다고 볼 수 있습니다.

때문이죠. 동료들은 2,500달러를 받기 위해 5년을 기다려야 하므로, 그 금액이 지금 기준으로는 얼마만큼의 가치인지, 즉 현재가치를 계산해야 합니다. 계산 방법은 다음과 같습니다.

2,500달러를 $(1 + 0.1)^5$로 나누어 구할 수 있습니다.[2] 여기서 $(1 + 0.1)^5$는 연평균 10% 수익률로 투자할 수 있다고 가정한 것입니다. 즉, 지금 돈을 투자하면 매년 10%씩 불어난다고 보고, 5년 동안 그 복리 성장을 반영하는 것입니다.[3] 만약 시장 수익률이 5%에 불과하다면, 2,500달러를 $(1 + 0.05)^5$로 나누면 됩니다. 또, 5년을 기다려야 하므로 승수는 5가 되는 것이고, 기다리는 시간이 길어질수록 분모가 커지고 현재가치는 작아지게 됩니다. 즉, 더 오래 기다릴수록 돈의 현재가치는 떨어진다는 뜻입니다.

2,500달러를 $(1 + 0.1)^5$로 나누면 현재가치는 약 1,552.30달러가 됩니다. 이 말은 곧, 5년 후에 2,500달러를 받는 것은 지금 1,552.30달러를 갖는 것과 같은 가치라는 뜻입니다. 오늘 1,552.30달러를 연 10% 수익률로 투자한다면, 약 5년 뒤에는 2,500달러가 될 수 있다는 뜻이기도 합니다.[4]

---

2   $(1 + 0.1)^5$는 1.15로 표현할 수 있습니다.
3   10% 수익률은 단지 하나의 예시일 뿐입니다. 실제로는 이보다 훨씬 높은 수익을 얻는 것도 충분히 가능합니다. 이 예시에서는 개념을 단순하게 설명하기 위해 세금, 수수료, 인플레이션 등 현실적인 요소는 모두 제외하고 계산하고 있습니다.

[표 3-1] 동료 3명의 현재 급여

단위: 달러

동료	급여의 가치(오늘 받을 수 있는 금액)
A	1,700
B	1,300
C	1,000

[표 3-1]에서 사장님은 당신의 동료 A, B, C에게 두 가지 선택지를 제시하고 있습니다. 하나는 평소처럼 표에 명시된 급여를 받는 것이고, 다른 하나는 지금 그 급여를 받지 않고 5년 후에 2,500달러를 받는 것입니다. 이 2,500달러는 오늘 1,552.30달러를 투자한 것과 같은 가치입니다. 이제 두 제안을 동일한 기준으로 비교해 보면, 각 동료에게 어떤 선택이 더 유리한지 쉽게 판단할 수 있습니다.

동료 A는 즉시 1,700달러를 받거나 5년 후 2,500달러를 받을 수 있습니다. 후자는 현재가치로 환산하면 1,552.30달러입니

---

4 여기서 사용한 10% 수익률은 단지 여러 해에 걸친 평균 수익률일 뿐입니다. 뮤추얼펀드에 가입하면 실제로는 어떤 해에는 20% 가까운 높은 수익을 낼 수도 있고, 어떤 해에는 오히려 손실을 볼 수도 있습니다. 따라서 오늘 1,552.30달러를 가지고 있다고 해서, 5년 후에 반드시 2,500달러가 될 것이라고 단정할 수는 없습니다. 이 계산은 시간에 따른 돈의 가치 개념을 이해하기 위한 단순한 예시일 뿐입니다.

다. 1,700달러는 1,552.30달러보다 더 가치 있으므로, A는 즉시 1,700달러를 받는 편이 유리합니다. 다시 말해, A는 1,700달러를 지금 투자해 5년 뒤에는 2,500달러 이상으로 불릴 수 있다는 뜻입니다.

반면 동료 B와 C의 급여는 각각 1,300달러와 1,000달러로, 현재가치 기준인 1,552.30달러보다 낮습니다. 이들은 오늘 이 돈을 받아도 5년 안에 2,500달러까지 불리기 어렵기 때문에, 사장님의 제안을 받아들여 5년 후 2,500달러를 받는 것이 더 유리합니다.

동료들이 급여를 지금 받을지, 나중에 받을지를 결정할 때 우리는 한 사람이 5년 후 2,500달러를 받기 위해 오늘 얼마만큼의 돈을 기꺼이 포기할 수 있을지를 계산하고 있었습니다. 이 과정은 주식 시장에 투자하는 것과 매우 유사합니다.

여기서 말하는 2,500달러는 기업이 향후 벌어들일 잉여현금흐름과 같은 개념입니다. 투자자는 미래에 기업이 창출할 잉여현금흐름을 얻기 위해, 오늘 얼마의 현금을 지불(즉, 포기)할지를 결정해야 합니다. 이는 앞서 동료들이 2,500달러를 받기 위해 현재 얼마를 포기할 수 있는지를 따졌던 방식과 같습니다.

동료들의 사례에서 2,500달러를 할인해 현재가치를 구했습니다.[5] 이 같은 절차와 계산법은 기업의 가치평가에도 그대로 적용됩니다. 즉, 기업이 앞으로 벌어들일 모든 잉여현금흐름을 현재가치로 환산해 보는 것입니다. 그렇게 하면, 그 기업이 실제로 창출할 모든 현금의 현재가치를 파악할 수 있습니다.

이처럼 미래 잉여현금흐름을 할인하는 방식은 최고의 투자자들이 활용하는 접근법입니다. 빌 애크먼(Bill Ackman), 워런 버핏(Warren Buffett), 찰리 멍거(Charlie Munger), 세스 클라먼(Seth Klarman) 등은 모두 주식의 내재가치를 "기업이 앞으로 벌어들일 모든 현금흐름의 현재가치"로 정의합니다. 실제로 워런 버핏은 1998년 연례 주주총회에서 다음과 같이 말했습니다.

> "내재가치를 계산하려면, 앞으로 발생할 것으로 예상되는 현금흐름을 현재가치로 할인하면 됩니다."

이 장에서는 이런 할인 개념을 활용해 잉여현금흐름을 평가하는 방법을 배우고, 이를 바탕으로 기업의 가치를 산정하여 적정한 가격이 얼마인지 판단하는 방법을 익힐 것입니다. 본격적으

---

5   이처럼 미래에 받게 될 돈의 가치를 오늘 기준으로 계산하는 과정을 할인(discount)이라고 부릅니다.

로 실제 기업을 평가하기에 앞서, 아주 단순한 가상의 기업을 예로 들어 그 가치를 계산해 보겠습니다.

당신은 1년 뒤 약 100달러의 잉여현금흐름을 창출하고 회사 운영을 종료할 것으로 예상되는 사업을 발견했다고 가정해 봅시다. 그리고 당신은 최소 10%의 투자 수익률을 원합니다. 그렇다면 이 사업에 얼마를 지불해야 연 10%의 수익률을 달성할 수 있을까요?

이를 계산하기 위해 다음 공식을 사용합니다.

$$\text{내재가치} = \text{잉여현금흐름} \div (1 + r)^t$$

t = 잉여현금흐름이 창출될 때까지의 시간
r = 원하는 수익률(요구수익률)

이 사업의 내재가치를 계산하려면 내년에 발생할 잉여현금흐름 100달러를, 요구수익률 10%를 반영한 1.1로 나누면 됩니다.

$$100\text{달러} \div 1.1 = 90.90\text{달러}$$

이 사업의 내재가치는 90.90달러입니다. 이는 오늘 90.90달러를 투자하면, 내년에 100달러를 회수하여 원하는 10%의 수익률을 얻을 수 있다는 뜻입니다.

기업 혹은 주식에 투자한다는 것은 결국 돈을 교환하는 행위입니다. 오늘의 현금 90.90달러를 포기하고, 그 돈이 내년에 100달러를 만들어줄 자산을 취득함으로써 10%의 수익을 얻는 것이죠.

물론 대부분 기업은 한 해에 그치지 않고 여러 해에 걸쳐 현금흐름을 창출합니다. 따라서 앞선 사례는 매우 단순화된 예라고 할 수 있습니다. 그렇다면 여러 해 동안 현금흐름을 만들어내는 기업의 내재가치는 어떻게 계산할 수 있을까요?

이제 사업이 2년 동안 운영된다고 가정하고 내재가치를 계산해 보겠습니다.

[표 3-2]는 기업이 향후 2년 동안 창출할 잉여현금흐름과 연차별 할인계수를 보여줍니다. 할인계수는 해당 연도 주식의 미래 잉여현금흐름을 현재가치로 환산할 때 분모에 해당하는 숫자입니다. 여기서 할인계수는 투자자가 요구하는 수익률과 같

[표 3-2] 기업의 내재가치

단위: 달러

	1년 차	2년 차
잉여현금흐름	100	100
할인계수	$(1+0.1)^1$	$(1+0.1)^2$

습니다.

이제 연차별 잉여현금흐름과 할인계수를 따로 생각해 보겠습니다. 이 사업의 1년 차 잉여현금흐름은 100달러입니다. 이 금액에 대해 10%의 투자 수익률을 얻으려면, 오늘 90.90달러를 지불해야 합니다. 이는 앞서 살펴본 예와 동일한 값으로, 10% 수익률을 기대하며 오늘 90.90달러를 포기하고 내년에 100달러를 받는 셈입니다.

2년 차의 잉여현금흐름 역시 1년 차와 마찬가지로 100달러입니다. 하지만 이 돈을 받기 위해서는 2년을 기다려야 한다는 점이 중요합니다. 돈은 시간이 지날수록 불어날 수 있기 때문에, 같은 금액이라도 더 빨리 받을수록 더 큰 가치를 갖습니다. 반대로, 더 늦게 받을수록 현재 기준의 가치는 떨어집니다. 즉, 2년 차의 100달러는 1년 차의 100달러보다 가치가 낮습니다.

이 점을 반영하기 위해, 2년 차 할인계수를 적용할 때는 잉여현금흐름이 2년 후에 발생한다는 사실을 고려해야 합니다. 따라서 1.1(요구수익률)을 제곱하여 할인계수로 사용합니다. 100달러를 1.1의 제곱, 즉 1.21로 나누면 2년 차 잉여현금흐름의 현재가치인 82.64달러가 계산됩니다. 다시 말해, 오늘 82.64달러를 투자하면 2년 뒤에 100달러를 받게 되어, 연 10%의 복리 수익률을 달성할 수 있다는 뜻입니다. 실제로 82.64달러를 매년 10%씩 복

[표 3-3] 잉여현금흐름의 현재가치

단위: 달러

	1년 차	2년 차
잉여현금흐름	100	100
할인계수	$(1+0.1)^1$	$(1+0.1)^2$
잉여현금흐름의 현재가치	90.90	82.64

리로 불리면 2년 후 약 100달러가 됩니다.

  이 예시에서 1년 차와 2년 차 잉여현금흐름의 현재가치는 각각 90.90달러와 82.64달러입니다. 그렇다면 이 사업 전체의 내재가치는 얼마일까요?

  사업의 내재가치를 계산하려면, 각 연도에 발생할 잉여현금흐름의 현재가치를 모두 더하면 됩니다. 이 경우 90.90달러(1년 차)와 82.64달러(2년 차)를 더하면 되며, 그 합계인 173.54달러가 바로 이 사업의 내재가치입니다. 다시 말해, 173.54달러는 이 사업이 앞으로 벌어들일 모든 잉여현금흐름의 현재가치를 합산한 금액입니다.

  따라서, 오늘 173.54달러를 지불하고 이 사업에 투자한다면, 1년 뒤와 2년 뒤에 각각 100달러씩을 회수하여 연 10%의 복리 수익률을 얻을 수 있다는 의미입니다. 이 금액은 순현재가치(Net

Present Value, NPV)라고도 불리는 것으로, 합리적인 투자 결정을 내리는 데 핵심이 되는 지표입니다.[6]

다음은 우리가 방금 계산한 내용을 수식으로 나타낸 공식입니다.

$$내재가치 = \frac{FCF_1}{(1+r)^1} + \frac{FCF_2}{(1+r)^2}$$

$$내재가치 = \frac{\$100}{(1+0.1)^1} + \frac{\$100}{(1+0.1)^2} = \$173.54$$

앞선 예시는 사업이 2년만 운영된다고 가정했습니다. 하지만 실제 사업은 더 오래 지속되며, 우리는 장기적으로 운영될 기업에 투자하길 원합니다. 따라서 이런 사업의 가치를 평가할 수 있는 일반적인 공식이 필요합니다.

다음은 기업이 계속 운영된다고 가정할 때, 내재가치를 계산하는 공식입니다. 이 공식은 기업이 앞으로 벌어들일 모든 잉여

---

[6] 사업의 순현재가치(Net Present Value, NPV)란 재무나 투자 분야에서 사용하는 용어로, 그 사업이 앞으로 벌어들일 모든 현금흐름을 현재가치로 환산한 후 이를 모두 합한 값을 말합니다. 간단히 말해, 미래의 현금흐름이 오늘 얼마의 가치가 있는지를 계산한 총합입니다. 이 책에서는 순현재가치라는 표현을 내재가치(intrinsic value)와 같은 의미로 사용하고 있습니다. 즉, 어떤 사업이나 기업의 내재가치는 그 기업이 장래에 창출할 것으로 예상되는 모든 잉여현금흐름의 현재가치 총합이라고 이해하면 됩니다.

현금흐름의 현재가치를 합산해 줍니다.[7]

$$\text{내재가치} = \frac{FCF_1}{(1+r)^1} + \frac{FCF_2}{(1+r)^2} + \frac{FCF_3}{(1+r)^3} + \frac{FCF_4}{(1+r)^4} + \left[\frac{FCF_4(1+g)}{r-g} \times \frac{1}{(1+r)^4} \right]$$

FCF_1 = 1년 뒤에 발생할 잉여현금흐름
FCF_2 = 2년 뒤에 발생할 잉여현금흐름
FCF_3 = 3년 뒤에 발생할 잉여현금흐름
FCF_4 = 4년 뒤에 발생할 잉여현금흐름
r = 요구수익률 (10%)
g = 기업의 영구성장률

공식의 처음 네 항은 비교적 단순합니다. 향후 4년간 발생할 잉여현금흐름을 할인해 현재가치로 계산하는 과정입니다. 그러나 마지막 두 항은 이전 예시에서는 등장하지 않았던 새로운 개념입니다. 이 마지막 두 항은 영속가치(terminal value) 또는 영구가치라고 합니다. 이를 자세히 살펴보겠습니다.

$$\frac{FCF_4(1+g)}{r-g} \times \frac{1}{(1+r)^4}$$

---

[7] 주의할 점은, FCF 뒤에 붙은 숫자는 곱하라는 뜻이 아니라 시점을 나타낸다는 것입니다. 예를 들어 FCF_2는 지금으로부터 2년 뒤에 발생할 잉여현금흐름을 의미합니다. 다시 말해, 2를 곱하라는 의미가 아니라 두 번째 해의 현금흐름을 가리키는 표기입니다.

이 식에 숫자를 대입하면, 4년 이후에 기업이 창출할 모든 잉여현금흐름의 현재가치를 계산할 수 있습니다. 결국, 4년간 잉여현금흐름의 현재가치와 4년 이후의 영속가치를 더하면 기업의 내재가치, 즉 이 기업이 앞으로 벌어들일 모든 돈의 현재가치를 구할 수 있습니다.

다음 단계로 넘어가기 전에, 먼저 이 공식에 사용된 용어들을 하나씩 정의해 보겠습니다.

- **g값**(perpetual growth rate, 영구성장률 또는 영속성장률): 기업의 잉여현금흐름이 영원히 일정한 비율로 증가한다고 가정할 때의 연평균 성장률입니다. 곧 실제 내재가치 계산 예시를 통해 이 값을 어떻게 도출하는지 자세히 살펴볼 예정입니다. 다른 값도 마찬가지이지만 영구성장률은 보수적으로 가정해야 합니다.
- **$FCF_4 \times (1 + g)$**: 5년 차에 기업이 창출할 것으로 예상되는 잉여현금흐름입니다. 4년 차 현금흐름에 영구성장률을 반영해 5년 차 흐름을 추정하는 방식입니다.
- **r값**(required rate of return, 요구수익률): 지금까지 계속 사용해 온 개념으로, 투자자가 기대하는 최소한의 수익률을 의미합니다. 이 예시에서는 10%를 적용하고 있습니다.

이제, 이 영속가치 개념을 가상의 사업에 적용하여 내재가치를 계산해 보겠습니다.

어떤 기업이 앞으로 4년 동안 매년 100달러의 잉여현금흐름을 창출하고, 그 이후에는 잉여현금흐름이 매년 약 2.5%씩 영구적으로 성장할 것이라고 가정해 보겠습니다. 요구수익률은 여전히 10%로 가정하겠습니다.

$$\text{내재가치} = \frac{FCF_1}{(1+r)^1} + \frac{FCF_2}{(1+r)^2} + \frac{FCF_3}{(1+r)^3} + \frac{FCF_4}{(1+r)^4} + \left[\frac{FCF_4(1+g)}{r-g} \times \frac{1}{(1+r)^4} \right]$$

이제 공식과 변수들의 값을 알고 있으니, 이를 바탕으로 실제로 기업의 내재가치를 계산해 보겠습니다.

내재가치

$$= \frac{100}{(1+0.1)^1} + \frac{100}{(1+0.1)^2} + \frac{100}{(1+0.1)^3} + \frac{100}{(1+0.1)^4} + \left[\frac{100(1+0.025)}{0.1-0.025} \times \frac{1}{(1+0.1)^4} \right] = \$1{,}250.43$$

이 사업이 향후 4년간 매년 100달러의 현금흐름을 창출하고, 이후에는 매년 2.5%씩 영구적으로 성장하며, 요구수익률이 10%라고 가정하면, 이 사업의 가치는 1,250.43달러입니다.

이 계산은 비교적 간단하게 느껴졌을 것입니다. 그 이유는 미래의 잉여현금흐름이 이미 주어졌기 때문입니다. 하지만 실제로 개별 주식의 내재가치를 계산할 때는, 먼저 그 기업이 앞으로 얼마만큼의 잉여현금흐름을 만들어낼지를 예측하는 과정부터 시작해야 합니다. 이 예측 과정은 다음 장에서 자세히 다룰 예정입니다.

실제 주식을 예제로 다루기 전에, 영속가치 계산 방식을 한 번 더 짚고 넘어가겠습니다. 많은 사람이 이 개념을 처음 접할 때, 수학적으로 잘 이해되지 않아 혼란을 느끼곤 합니다.

$$\frac{100(1 + 0.025)}{0.1 - 0.025} \times \frac{1}{(1 + 0.1)^4}$$

가령, 어떻게 이 공식이 기업의 영속적인 미래 잉여현금흐름의 현재가치를 나타내는지에 대해 의문이 생길 수 있습니다. 이를 증명하기 위해, 동일한 사업의 내재가치를 스프레드시트를 이용해 직접 계산해 보았습니다. 계산 방식은 각 연도의 미래 현금흐름을 할인해 현재가치로 바꾸고, 이를 모두 더하는 방식입니다.

스프레드시트에는 총 3개의 열이 있습니다. 첫 번째 열은 연차, 두 번째 열은 해당 연도에 기업이 창출할 잉여현금흐름입니다.

[표 3-4] 연차별 잉여현금흐름과 현재가치

연차	잉여현금 흐름	현금흐름의 현재가치	연차	잉여현금 흐름	현금흐름의 현재가치
1	100.00	90.909	13	124.88	36.175
2	100.00	82.644	14	128.01	33.708
3	100.00	75.131	15	131.21	31.410
4	100.00	68.301	16	134.48	29.268
5	102.50	63.644	17	137.85	27.273
6	105.06	59.305	18	141.29	25.413
7	107.68	55.261	19	144.82	23.680
8	110.38	51.493	20	148.45	22.066
9	113.14	47.982	21	152.16	20.561
10	115.96	44.711	22	155.96	19.159
11	118.86	41.662	23	159.86	17.853
12	121.84	38.822	24	163.86	16.636

* 지면상 제한 때문에 스프레드시트 중 처음 24년간의 데이터만을 발췌해 수록했습니다.[8]

---

[8] 기업이 영원히 운영된다고 가정하는 것이 다소 비현실적으로 느껴질 수 있습니다. "현금흐름을 무한히 창출한다고 가정하면, 실제로 존재하지 않는 미래까지 포함되어 기업의 내재가치를 과대평가하는 것 아닌가?"라는 의문이 들 수 있죠. 하지만 실제로는 그렇지 않습니다. 이유는 다음과 같습니다.
우선, 뛰어난 기업은 수십 년 이상 장기적으로 운영될 수 있는 능력을 갖추고 있습니다. 그리고 더 중요한 점은, 먼 미래에 발생하는 현금흐름은 현재가치로 환산했을 때 그 영향이 매우 작다는 사실입니다. 예를 들어, 50년 후에 발생하는 100달러는 오늘 기준으로는 1달러도 안 되는 가치입니다.
따라서 어떤 기업이 100년 동안 매년 100달러를 벌어들이는 경우와, 1,000년 동안 동일한 금액을 벌어들이는 경우, 내재가치는 거의 차이가 나지 않습니다. 왜냐하면 101년차 이후부터 발생하는 현금흐름의 현재가치는 사실상 무시할 수 있기 때문입니다.
결국, 기업이 영구적으로 운영된다고 가정하고 내재가치를 계산하더라도, 실제로 50년만 존속해도 충분한 투자 수익을 얻을 수 있습니다. 그 이후의 현금흐름은 애초에 내재가치에 큰 영향을 주지 않기 때문입니다.
따라서 "영구적 운영"이라는 가정은 투자자 입장에서 실질적인 과대평가를 초래하지 않습니다. 오히려 장기적으로 안정적인 수익을 창출할 수 있는 비즈니스를 선별하는 데 유용한 기준이 될 수 있습니다.

처음 4년 동안 잉여현금흐름은 매년 100달러로 동일하며, 이후부터는 매년 2.5%씩 영구적으로 성장한다고 가정했습니다. 세 번째 열은 각 연도의 잉여현금흐름을 현재가치로 할인한 값입니다. 마지막으로, 세 번째 열의 값을 모두 더하면 기업의 내재가치, 즉 앞으로 벌어들일 모든 잉여현금흐름의 현재가치가 됩니다.

 실제 계산 결과는 1,250.43달러였고, 이는 공식으로 계산한 값과 정확히 일치합니다. 이처럼, 연도별 잉여현금흐름을 직접 할인해 합산한 값과 공식을 사용해 계산한 값이 같다는 사실은, 해당 공식이 수학적으로 타당하다는 것을 보여줍니다.

실제 주식의 내재가치 계산하기

 앞서 가상의 기업 사례에서는, 각 연도에 창출될 잉여현금흐름이 미리 주어졌기 때문에 내재가치를 쉽게 계산할 수 있었습니다. 하지만 실제 투자에서는 이런 정보를 아무도 알려주지 않습니다. 미래에 기업이 얼마의 잉여현금흐름을 벌어들일지 스스로 추정하는 것이 바로 투자자의 역할입니다. 따라서 내재가치를 계산하는 첫 번째 단계는 미래의 잉여현금흐름을 예측하는 일입니다.

이 과정을 막연하게 느낄 필요는 없습니다. 미래 잉여현금흐름을 추정하는 데는 따라 할 수 있는 일련의 단계가 있습니다. 그 출발점은 매출 추정입니다. 기업이 앞으로 얼마의 매출을 올릴 것인지 예측한 뒤, 이를 바탕으로 순이익을 추정합니다.

순이익은 잉여현금흐름과 밀접한 관계가 있기 때문에, 순이익 추정은 잉여현금흐름 예측에 중요한 기초가 됩니다. 일반적으로 순이익이 증가하면 잉여현금흐름도 함께 증가하는 경향이 있기 때문입니다.

미래 잉여현금흐름을 추정하는 데는 몇 가지 단계가 필요합니다. 이 작업을 보다 체계적으로 정리하려면, 곧 보게 될 [표 3-5]와 같은 형식을 활용하는 것이 좋습니다. [표 3-5]처럼 정리하면 계산의 흐름을 쉽게 따라갈 수 있고, 중요한 항목들을 놓치지 않을 수 있습니다.

지금부터는 '베스트 바이(Best Buy)'의 실제 사례를 바탕으로 이 과정을 설명해 보겠습니다.

첫 단계: 매출 예상하기

미래 현금흐름을 예측하는 첫 단계는 매출을 추정하는 것입니다. 다행히 대부분 주식 리서치 웹사이트에서 향후 매출에 대한 추정치를 제공합니다. 우리는 이 자료를 활용할 수 있습니다.

[표 3-5]에 베스트 바이의 추정 매출액을 넣어두었습니다. 이 자료는 야후 파이낸스(한국은 네이버 증권 - 옮긴이)의 'Analysis(분석)' 탭에서 확인할 수 있습니다. 다만, 대부분의 경우 사이트에서 제공하는 매출 추정치는 앞으로 2년 치에 그치는 경우가 많습니다. 그러나 우리는 최소 4년 치 이상의 데이터가 있어야 정확한 내재가치를 계산할 수 있습니다. 예측 범위가 길수록 계산의 신뢰도도 높아집니다.

따라서 3년 차와 4년 차 매출은 직접 예측해야 합니다. 이때는 과거 매출의 성장 추세와 애널리스트들의 예상 성장률 등을 참고해 합리적인 범위 내에서 추정하는 것이 좋습니다.

이제 베스트 바이의 실제 매출 데이터를 살펴보겠습니다. [표 3-5]에 2017년부터 2020년까지의 매출액과 연도별 매출 성장률을 정리해 두었습니다.[9] 2021년과 2022년의 성장률도 계산해 포함했습니다.[10]

우리는 기업의 과거 성장률과 애널리스트들의 예상 성장률

---

9 이 책을 2020년에 읽었던 독자라면 "아직 연말이 되지 않았는데, 어떻게 2020년 수익을 알고 있을까?"라는 의문이 들었을 수 있습니다. 베스트 바이의 회계연도는 매년 2월에 종료됩니다. 2020 회계연도는 이미 2020년 2월에 끝났고, 그 실적도 이미 공개된 상태였습니다.
10 두 인접한 연도 사이의 성장률을 계산하려면 다음 공식을 사용할 수 있습니다.
성장률 = (후속 연도의 매출 - 이전 연도의 매출) ÷ 이전 연도의 매출

을 바탕으로, 2023년과 2024년의 매출을 추정할 수 있습니다. 2017년부터 2022년까지의 매출 성장률 평균은 약 2.013%입니다. 계산식은 다음과 같습니다.

(-0.31% + 6.9% + 1.7% + 1.7% + 0.09% + 2%) ÷ 6 = 2.013%

[표 3-5] '베스트 바이' 매출액과 매출액 성장률

단위: 10억 달러

회계연도 종료(2월)	과거 실적				추정치			
	2017	2018	2019	2020	2021	2022	2023	2024
매출액	39.403	42.151	42.879	43.638	43.6	44.5		
매출액 성장률	-0.31%	6.90%	1.70%	1.70%	0.09%	2.00%		

따라서 베스트 바이는 향후 몇 년간, 특히 2023년과 2024년에도 연평균 약 2%의 매출 성장을 이어갈 것이라고 가정하는 것이 합리적입니다. 이제 이 2% 성장률을 바탕으로 매출을 추정해 보겠습니다.

- 2022년 예상 매출: 445억 달러
- 2023년 매출 예측: 445억 × 1.02 = 453.9억 달러

- 2024년 매출 예측: 453.9억 × 1.02 = 462.97억 달러

이렇게 계산한 매출 추정치를 표에 입력하면, 이후 순이익과 잉여현금흐름 추정으로 자연스럽게 이어질 수 있습니다.

2017년부터 2022년까지의 연평균 매출 성장률은 2.013%였지만, 계산에는 2%를 사용했습니다. 이처럼 소수점까지 계산된 수치를 그대로 쓰지 않고 조금 낮춘 값으로 대체한 데는 중요한 이유가 있습니다.

기업의 내재가치를 추정할 때는 항상 다소 보수적인 수치를 적용하는 것이 바람직합니다.[11] 다시 말해, 내재가치를 약간 낮게 산출할 수 있는 기준을 사용하는 것이죠. 이는 미래의 실제 성장이 예상보다 낮게 나올 가능성에 대비하는 조치이며, 결과적으로 기업에 과도한 값을 지불할 위험을 줄이는 데 도움이 됩니다.

비록 그 차이가 미미하더라도, 이런 태도는 내재가치를 계산할 때 가져야 할 중요한 투자 원칙을 보여줍니다. 항상 소수점 이

---

11 투자에서 '보수적'이라는 말은 예측할 때 지나치게 낙관적인 가정을 피하라는 의미로 사용됩니다. 예측이 빗나가 치명적인 손실이 발생해서는 안 되기 때문에 예상보다 낮은 결과가 나왔을 때를 대비해 여유를 두는 방식이 보수적인 접근입니다. 이는 투자자의 의사 결정에 신중함과 안전마진을 더해 줍니다. 즉, 수치 하나하나를 조심스럽게 다루는 습관은 결과적으로 과도한 가치평가를 피하고, 투자 판단에서 실수를 줄이는 데 큰 도움이 됩니다.

하를 버리고 수치를 약간 낮추는 습관을 들이고, 계산 전반에 걸쳐 이런 보수적 접근을 일관되게 적용하면, 보다 신중하고 안정적인 투자 판단에 이를 수 있습니다.

둘째 단계: 이익률과 순이익 추정하기

두 번째 단계로, 미래의 이익률이 어떻게 될지를 추정해야 합니다. 특별한 상황이 아니라면, 대부분의 기업은 이익률이 해마다 크게 변하지 않고 비교적 일정한 수준을 유지합니다.

이익률이 들쑥날쑥한 기업은 보통 경기에 따라 매출이 크게 출렁이고, 그만큼 잉여현금흐름도 예측하기가 어렵습니다. 반면, 과거 이익률의 평균값을 참고하면 향후 이익률을 비교적 현실적으로 추정할 수 있는 경우가 많습니다.

과거 순이익률은 손익계산서를 기반으로 쉽게 계산할 수 있습니다. 계산 방식은 간단합니다.

순이익률 = 순이익 ÷ 매출액

초보 투자자를 위해 덧붙이면, 손익계산서에서 매출액은 상단에, 순이익은 하단에 표시됩니다. [표 3-6]은 베스트 바이의 과거 실적을 바탕으로 연도별 이익률을 정리한 것입니다.

[표 3-6] 베스트 바이 이익률 과거 실적과 추정치

단위: 10억 달러

회계연도 종료(2월)	과거 실적				추정치			
	2017	2018	2019	2020	2021	2022	2023	2024
매출액	39.403	42.151	42.879	43.638	43.6	44.5	45.39	46.297
매출액 증가율	-0.31%	6.90%	1.70%	1.70%	0.09%	2.00%	2%	2%
순이익률	3.11%	2.37%	3.41%	3.53%	3%	3%	3%	3%

베스트 바이는 2017년부터 2020년까지 평균 약 3.1%의 이익률을 기록했습니다. 이 데이터를 바탕으로 보면, 2021년부터 2024년까지도 최소 3% 수준의 이익률은 무리 없이 유지될 것으로 예상할 수 있습니다. 여기서 주목할 점은, 나는 다시 한번 보수적인 수치를 적용했다는 사실입니다. 3.1%가 아닌 3%의 이익률만 유지된다고 가정한 것입니다.[12]

이처럼 이익률이 다소 줄어들 것으로 가정하면, 계산에 추가적인 안전 여유가 생기고, 결과적으로 내재가치는 더 낮아집니

---

12 미래의 이익률을 추정할 때는 과거 평균을 계산하되, 일회성 요인이나 일시적인 특이사항은 제외하는 것이 좋습니다. 이런 요인은 특정 사건이나 일회성 지출로 인해 수익이 일시적으로 감소했다가 곧 회복되는 경우에 주로 나타납니다. 미래에 같은 일이 다시 발생할 가능성이 작다면, 해당 시기의 이익률은 평균 계산에서 제외하는 것이 바람직합니다. 특히 다른 연도와 비교해 수치가 지나치게 다를 경우에는 더욱 주의가 필요합니다.

다. 이런 접근은 단기적인 이익 하락이 있더라도, 실제로 벌어들이지 못할 현금흐름에 대해 과도한 가치를 매기는 일을 피할 수 있게 해줍니다.

다음 단계는 비교적 간단합니다. 먼저 표에 2017년부터 2020년까지의 순이익을 정리합니다. 이 수치는 앞서 이익률을 계산할 때 분자로 사용했던 값과 동일합니다. 다시 말씀드리지만, 순이익은 손익계산서 하단에서 확인할 수 있습니다.

이제 미래 순이익을 추정해야 합니다. 추정 방식은 간단합니다. 예상 매출에 예상 이익률을 곱하면 됩니다. 이익률은 매출 중 어느 정도가 이익으로 남는지를 보여주는 지표이기 때문에, [예상 매출 × 예상 이익률 = 미래 순이익]이라는 공식으로 비교적

[표 3-7] 베스트 바이 순이익 추정치

단위: 10억 달러

회계연도 종료(2월)	과거 실적				추정치			
	2017	2018	2019	2020	2021	2022	2023	2024
매출액	39.403	42.151	42.879	43.638	43.6	44.5	45.39	46.297
매출액 증가율	-0.31%	6.90%	1.70%	1.70%	0.09%	2.00%	2%	2%
순이익률	3.11%	2.37%	3.41%	3.53%	3%	3%	3%	3%
순이익	1.228	1	1.464	1.541	1.308	1.335	1.361	1.388

용이하게 추정이 가능합니다. 예를 들어, 2022년 매출이 445억 달러이고 예상 이익률이 3%라면, 순이익은 약 13억 3,500만 달러입니다. 같은 방식으로, 2024년 매출이 462억 9,700만 달러라면, 순이익은 약 13억 8,800만 달러로 추정할 수 있습니다.

이제 몇 단계만 더 거치면, 기업의 미래 현금흐름을 구할 수 있습니다.

셋째 단계: 미래 잉여현금흐름 추정하기

세 번째 단계는 순이익과 잉여현금흐름 사이의 관계를 파악하는 일입니다. 예를 들어 "기업이 X달러의 순이익을 기록하면, 평균적으로 Y달러의 잉여현금흐름이 발생한다"는 일정한 비율이나 패턴이 있다면, 이를 활용해 미래 잉여현금흐름을 예측할 수 있습니다.

현재 우리는 베스트 바이의 미래 순이익에 대해 신뢰할 만한 추정치를 확보해 두었기 때문에, 순이익 대비 잉여현금흐름의 비율만 알면, 향후 현금흐름도 충분히 추정 가능합니다. 다행히도 이런 비율은 과거 데이터를 분석해 도출할 수 있습니다.

잉여현금흐름과 순이익 간의 규칙을 도출하려면, 먼저 기업의 과거 잉여현금흐름 데이터를 표에 추가해야 합니다. 대부분의 주식 리서치 웹사이트에서 연도별 잉여현금흐름 정보를 확인할 수 있으며, 야후 파이낸스(한국은 네이버 증권 - 옮긴이)에서는 'Financials(금융)' 탭 아래 현금흐름표 하단에서 해당 항목을 찾을 수 있습니다. 이 데이터를 표에 옮겨 정리해 두면, 이후 분석 작업에 도움이 됩니다.

그다음에는 각 연도별로 잉여현금흐름을 순이익으로 나누어야 합니다. 이 비율은 순이익 1달러당 기업이 얼마의 잉여현금흐름을 창출했는지를 보여줍니다. 계산된 수치는 [표 3-8]에 정리해 두었습니다. 이 비율들의 평균을 내보면, 베스트 바이는 순이익 1달러당 평균 1.32달러의 잉여현금흐름을 창출해 온 것으로 나타납니다.[13]

미래에도 잉여현금흐름 대비 순이익 비율은 장기적으로 현재의 평균과 비슷한 수준을 유지할 가능성이 큽니다. 우리가 분석하고 있는 기업은 예측 가능하고 완만하게 변화하는 산업에 속해 있기 때문에, 이 비율은 향후에도 큰 변동이 없을 것으로 예상됩니다. 따라서 향후에도 이 비율이 약 1.32 수준일 것이라고 가정하는 것은 충분히 합리적입니다.

하지만 내재가치를 계산할 때는 보수적인 추정이 중요합니다.

---

13 이 계산 과정에서 일시적인 요인 때문에 추세에서 벗어난 수치가 나타나는 연도가 있을 수 있습니다. 그런 경우에는 해당 연도의 값을 평균 계산에서 제외하는 것이 바람직합니다.

우리는 이 비율이 앞으로 1.1 수준일 것이라고 가정하겠습니다. 이는 최근 4년 평균치인 1.32보다 약 16% 낮은 수치입니다. 이처럼 더 낮은 수치를 사용하는 이유는, 최근 몇 년간 이 비율이 점차 감소하는 경향을 보였기 때문입니다. 예를 들어, 2019년과 2020년의 평균은 약 1.13에 불과했습니다. 이런 흐름을 감안하면, 1.1은 보다 현실적이고 안전한 추정치라고 할 수 있습니다.

하지만 베스트 바이가 앞으로 더 좋은 실적을 낼 것이라고 확신했다면, 굳이 1.1이라는 보수적인 비율을 사용하지 않았을 것입니다. 미래에 대한 기대가 낙관적이고 그 근거가 충분하다면, 지나치게 낮은 수치를 쓰기보다는 보다 과감한 추정을 하는 것이 더 합리적인 선택일 수 있습니다.

예를 들어, 잉여현금흐름 대비 순이익 비율이 지속적으로 상승하는 추세일 때 과거 평균을 그대로 적용한다면 오히려 기업의 미래 실적을 과소평가하는 결과가 나올 수 있습니다. 이런 경우에는 지나친 신중함보다는 보다 현실적인 수치를 기준으로 판단해도 무방합니다.

결국 중요한 것은 기업에 대한 정확한 이해입니다. 미래에 대한 확신이 부족하면 기준이 지나치게 보수적이거나 반대로 낙관적으로 흐르기 쉬워, 적절하지 않은 수치를 적용하게 될 수 있기 때문입니다.

[표 3-8] 베스트 바이 잉여현금흐름 추정치

단위: 10억 달러

	과거 실적				추정치			
회계연도 종료(2월)	2017	2018	2019	2020	2021	2022	2023	2024
매출액	39.403	42.151	42.879	43.638	43.6	44.5	45.39	46.297
매출액 증가율	-0.31%	6.90%	1.70%	1.70%	0.09%	2.00%	2.00%	2.00%
순이익률	3.11%	2.37%	3.41%	3.53%	3%	3%	3%	3%
순이익	1.228	1	1.464	1.541	1.308	1.335	1.361	1.388
잉여현금 흐름	1.963	1.453	1.589	1.822	1.438	1.468	1.497	1.526
잉여현금 흐름/순이익	1.59	1.453	1.08	1.18	1.1	1.1	1.1	1.1

다음 단계는 보수적으로 추정한 잉여현금흐름 대비 순이익 비율을 순이익 예상치에 곱하는 일입니다. 이를 통해 기업의 미래 잉여현금흐름을 계산할 수 있습니다.

베스트 바이의 2021년 잉여현금흐름을 추정하려면, 예상 순이익 13억 800만 달러에 1.1을 곱하면 됩니다. 이 같은 방식으로, 각 연도의 순이익 예상치에 평균 비율 1.1을 곱하면, 2021년부터 2024년까지의 잉여현금흐름을 순차적으로 계산할 수 있습니다.

$$\text{내재가치} = \frac{FCF_1}{(1+r)^1} + \frac{FCF_2}{(1+r)^2} + \frac{FCF_3}{(1+r)^3} + \frac{FCF_4}{(1+r)^4} + \left[\frac{FCF_4(1+g)}{r-g} \times \frac{1}{(1+r)^4} \right]$$

이제 내재가치 계산식에서 앞의 네 항과 마지막 두 항의 일부에 들어갈 잉여현금흐름 추정치를 확보했습니다. 즉, 앞으로 4년간 기업이 창출할 것으로 예상되는 잉여현금흐름을 계산해 놓은 상태입니다.

지금까지는 할인율로 10%를 사용해 왔지만, 투자에서는 이 요구수익률을 산정하는 다양한 방법이 존재합니다. 이제부터는 어떤 할인율을 적용하는 것이 가장 타당한지, 그 기준에 대해 살펴보겠습니다.

넷째 단계: 요구수익률 r값 결정

이번 단계는 r값, 즉 요구수익률을 결정합니다. 이 값을 정하는 방법에는 두 가지가 있습니다. 하나는 투자업계에서 흔히 쓰는 방식으로, 이 방식을 계속 사용하면 장기적으로 시장 수익률에 못 미치는 성과를 낼 수밖에 없습니다. 다른 하나는 워런 버핏처럼 현명한 투자자들이 선호하는 방식입니다.

업계에서 흔히 사용하는 방식은 가중평균자본비용(weighted average cost of capital, WACC)을 요구수익률로 이용해 계산하는 것입니다. WACC는 기업이 자금을 조달할 때 부담하는 평균 자본 비용을 의미합니다. 다시 말해, WACC는 부채와 자본을 활용해 자금을 마련할 때 전체적으로 어느 정도의 비용이 드는지를 나타내는 수치입니다. 예를 들어, 자금을 전적으로 부채로만 조달한다면 WACC는 대출 이자율과 같아질 것이고, 부채와 자본을 함께 사용한다면 WACC는 다음과 같은 공식으로 계산됩니다.

WACC = (자기자본 비용 × 자기자본 비율) + (부채 비용 × 부채 비율)

이 방정식은 기업 자금 중 자기자본이 차지하는 비율에 자기자본 비용(= 자기자본에 대한 기대수익률)을 곱한 값과, 부채가 차지하는 비율에 부채 비용(= 이자율)을 곱한 값을 더해 계산됩니다.

WACC는 실무적으로 경영진이 새 프로젝트를 추진할 가치가 있는지를 판단하는 데 흔히 사용됩니다. 예를 들어 어떤 레스토랑이 새 지점을 열 계획을 세우고 있다고 가정해 보겠습니다. 이 투자가 타당한지 판단하기 위해, 경영진은 WACC를 확인한 뒤 프로젝트의 예상 수익률과 비교할 것입니다.

가령 레스토랑이 50만 달러 자금을 마련하기 위해 채권을 발행하고, WACC가 5%라고 해봅시다. 이는 자금조달 비용이 연 5%라는 뜻이며, 매년 2만 5,000달러의 비용을 부담하게 됩니다.

따라서 이 투자가 정당화되려면 연간 최소 2만 5,000달러 이상의 수익을 내야 하며, 이는 투자금 50만 달러에 대해 최소 5% 이상의 수익률을 거두어야 한다는 의미입니다.[14]

금융 이론에 따르면, 이 레스토랑을 포함한 모든 기업은 WACC보다 수익률이 높은 투자만 진행해야 합니다. 예상 수익률이 WACC보다 낮다면, 자금 조달에 들어간 비용도 회수하지 못하기 때문입니다. 예를 들어, 레스토랑이 연 2만 4,000달러밖에 벌지 못한다면, 매년 내야 할 이자 2만 5,000달러조차 감당할 수 없습니다. 이런 경우 경영진은 투자를 진행하지 않을 것입니다.

이론적으로, 기업은 WACC보다 낮은 수익이 예상되는 사업은 시작하지 않기 때문에 실제로 추진되는 투자들의 수익률은 최소한 WACC 이상일 가능성이 큽니다. 이 때문에 많은 투자자들이 할인율이나 요구수익률을 정할 때 WACC를 기준으로 삼습니다.

기업 입장에서 어떤 사업이 수익성이 있는지를 판단할 때 WACC를 기준으로 삼는 것은 논리적으로 타당합니다. 하지만 개인투자자라면 WACC를 요구수익률로 사용하는 것은 적절하

---

14 이 예시는 자기자본 없이 오직 부채만으로 자금을 조달하는 경우를 가정한 것입니다. 개념을 좀 더 쉽게 설명하기 위해 단순화한 예시입니다.

지 않습니다. 그 이유는 WACC에 치명적인 한계가 있기 때문인데, 바로 기회비용(opportunity cost)을 반영하지 못한다는 점입니다.

기회비용은 사업에서 매우 중요한 개념입니다. 기회비용이란 어떤 선택을 할 때, 그로 인해 포기하게 되는 다른 선택의 가치를 의미합니다. 주식투자든 인생에서든, 좋은 선택을 하기 위해서는 기회비용에 대한 신중한 분석이 전제되어야 합니다.

작년에 자동차 대리점에서 한 남성을 보았습니다. 그는 많은 사람이 한 번쯤 빠지는 익숙한 고민을 하고 있었죠. 그는 새롭고 멋진 밴을 바라보며 망설이고 있었습니다. 그 옆에는 훨씬 저렴한 중고차가 있었고, 그는 그것도 눈여겨보고 있었습니다. 중고차는 밴보다 수천 달러나 저렴했지만, 그가 진심으로 몰고 싶어 하는 차는 밴이었습니다. 밴은 실제로 운전하게 되면 큰 만족감을 줄 수 있는 선택이었습니다. 그는 중요한 결정을 내려야 했습니다. 더 많은 돈을 지불하고 원하는 밴을 살 것인가, 아니면 비용을 아끼고 덜 만족스러운 중고차를 고를 것인가?

어떤 사람에겐 쉬운 결정일 수도 있지만, 대부분에게는 어려운 결정입니다. 나는 그의 최종 선택을 보지 못했지만, 분명 그는 한 가지를 선택하는 대신 다른 가능성을 포기해야 했고, 그 과정에서 기회비용을 고민했을 것입니다.

만약 그가 밴을 선택했다면, 더 저렴한 중고차를 골랐을 때 절약할 수 있었던 수천 달러가 그의 기회비용이 됩니다. 반대로 중고차를 선택했다면, 밴을 타며 느꼈을 즐거움과 만족감이 그의 기회비용이었을 것입니다. 결국 그는 밴을 사기 위해 추가로 지출하는 금액이, 자신에게 주는 만족감만큼의 가치를 가지는지를 따져봤을 것입니다.

이처럼 어떤 선택이든 그로 인해 포기하게 되는 것이 무엇인지 고민하는 일, 즉 기회비용을 따져보는 것은 투자뿐 아니라 인생의 모든 결정에서 핵심적인 판단 기준이 됩니다.

이번에는 기회비용의 개념을 다시 투자에 적용해 봅시다. 어떤 사업이 매년 100달러의 잉여현금흐름을 영구적으로 창출할 것이라고 가정해 보겠습니다. 그리고 이 사업의 WACC, 즉 자본조달 비용이 7%로 계산되었다고 해봅시다.[15] 만약 우리가 이 7%를 요구수익률 또는 할인율로 사용한다면, 이는 곧 연 7%의 수익을 기대하며 이 사업에 투자하겠다는 의미입니다. 이제 내재가치 계산 공식을 적용하면 다음과 같은 결과가 나옵니다.

---

15 참고로, 7%는 일반적으로 기업들의 평균적인 WACC 수준으로 간주됩니다.

$$\text{내재가치} = \frac{FCF_1}{(1+r)^1} + \frac{FCF_2}{(1+r)^2} + \frac{FCF_3}{(1+r)^3} + \frac{FCF_4}{(1+r)^4} + \left[\frac{FCF_4(1+g)}{r-g} \times \frac{1}{(1+r)^4} \right]$$

$$\text{내재가치} = \frac{\$100}{(1+0.07)^1} + \frac{\$100}{(1+0.07)^2} + \frac{\$100}{(1+0.07)^3} + \frac{\$100}{(1+0.07)^4} + \left[\frac{\$100(1+0)}{0.07-0} \times \frac{1}{(1+0.7)^4} \right]$$

공식을 적용하면, 이 사업의 내재가치는 약 1,428달러입니다. WACC를 요구수익률로 사용하는 투자자라면, 이 사업을 약 1,428달러에 매수하려 할 것입니다. 하지만 이런 결정은 바람직하지 않습니다. 왜냐하면 이 금액엔 기회비용이 반영되지 않았기 때문입니다.

연 7% 수익을 주는 이 사업에 투자하는 대신, 인덱스펀드나 S&P 500에 투자해 연평균 10% 수익을 올릴 수 있다면, 그 차이가 곧 기회비용이 됩니다. 즉, 이 사업에 투자함으로써 투자자는 인덱스펀드에서 얻을 수 있었던 더 높은 수익을 포기하는 셈입니다. 그렇다면 이런 의문이 드는 것도 자연스럽습니다. 연 10% 수익을 기대할 수 있는 인덱스펀드가 있는데, 굳이 7%밖에 안 되는 사업에 투자할 이유가 있을까?

기업의 WACC를 할인율이나 요구수익률로 사용하는 대신, 10%를 할인율로 설정하는 것이 더 바람직합니다. 이렇게 하면 S&P 500에 투자해 연평균 10% 수익을 얻을 수 있는 기회비용을 보다 정확하게 반영할 수 있습니다. 할인율을 10%로 정한 뒤, 항상 내재가치보다 낮은 가격에 거래되는 기업에만 투자한다면, 그 기업의 미래 현금흐름은 연 10% 이상의 수익률을 보장하는 수준에서 매수하게 되는 셈입니다. 이 같은 투자 방식은 시간이 지날수록 우리의 수익률이 시장 평균을 뛰어넘도록 만들어 줍니다.

따라서 베스트 바이의 내재가치를 계산할 때는, 시장 수익률을 상회하는 수익을 기대하기 위해 10%의 요구수익률을 사용할 것입니다.

[표 3-8] 베스트 바이 잉여현금흐름 추정치

단위: 10억 달러

회계연도 종료(2월)	과거 실적				추정치			
	2017	2018	2019	2020	2021	2022	2023	2024
매출액	39.403	42.151	42.879	43.638	43.6	44.5	45.39	46.297
매출액 증가율	-0.31%	6.90%	1.70%	1.70%	0.09%	2.00%	2.00%	2.00%
순이익률	3.11%	2.37%	3.41%	3.53%	3%	3%	3%	3%
순이익	1.228	1	1.464	1.541	1.308	1.335	1.361	1.388
잉여현금 흐름	1.963	1.453	1.589	1.822	1.438	1.468	1.497	1.526
잉여현금 흐름/순이익	1.59	1.453	1.08	1.18	1.1	1.1	1.1	1.1

$$\text{내재가치} = \frac{FCF_1}{(1+r)^1} + \frac{FCF_2}{(1+r)^2} + \frac{FCF_3}{(1+r)^3} + \frac{FCF_4}{(1+r)^4} + \left[\frac{FCF_4(1+g)}{r-g} \times \frac{1}{(1+r)^4} \right]$$

이제 우리는 내재가치를 계산하는 데 필요한 거의 모든 데이터를 확보한 상태입니다. 향후 4년간의 잉여현금흐름은 신뢰할 수 있는 수준으로 추정해 두었고, 할인율로는 10%를 적용하기로 했습니다. 이제 남은 과제는 g값, 즉 영구성장률을 결정하는 일입니다.

다섯째 단계: 영구성장률 결정

영구성장률은 예측한 첫 4년 이후부터 기업의 전체 생애 동안 잉여현금흐름이 연평균 얼마나 성장할지를 나타내는 수치입니다. 이 값은 내재가치를 계산하는 데 매우 중요한 요소이며, 기업 가치에 큰 영향을 미칩니다. 특히 내재가치는 영구성장률 값에 매우 민감하게 반응하기 때문에, 이 수치를 지나치게 높게 설정하지 않도록 주의해야 합니다. 너무 낙관적인 성장률을 적용하면, 실제보다 과도하게 높은 기업 가치를 산출하게 되어 잘못된 투자 판단으로 이어질 수 있습니다.

그렇다면 영구성장률은 어떻게 정해야 할까요? 이를 위해 기업의 과거 잉여현금흐름과 향후 예상 성장률을 함께 살펴볼 수 있습니다. [표 3-9]에는 연도별 잉여현금흐름 성장률이 정리되어 있으며, 이 데이터를 바탕으로 적절한 영구성장률을 도출할 수 있습니다.

[표 3-9] 베스트 바이 연도별 잉여현금흐름 성장률

단위: 10억 달러

회계연도 종료(2월)	과거 실적				추정치			
	2017	2018	2019	2020	2021	2022	2023	2024
잉여현금 흐름	1.963	1.453	1.589	1.822	1.438	1.468	1.497	1.526
잉여현금흐름 성장률	184%	-25.9%	9.3%	14.6%	-21.0%	2.08%	1.9%	1.9%

베스트 바이는 현재 성숙기에 접어든 기업으로, 성장세가 완만합니다. 따라서 [표 3-9]에 제시된 성장률 데이터를 활용해 잉여현금흐름의 영구성장률을 현실적으로 예측할 수 있습니다.[16] 이를 위해서는 과거 성장률과 향후 예상 성장률의 평균을 살펴보는 것이 유용합니다. 평균값을 기준으로 영구성장률을 추정하면, 기업의 장기적인 성장 흐름을 보다 객관적으로 반영할 수 있습니다.

다만 베스트 바이처럼 성장 속도가 둔화된 기업의 경우, 다음과 같은 보수적인 기준을 적용하는 것이 바람직합니다.

---

16 이 책에서는 잉여현금흐름의 연간 성장률이 4% 미만일 것으로 예상되는 기업을 저성장 기업으로 분류하고 있습니다.

- 평균이 2~3% 사이라면 → g값은 2%
- 평균이 1~2% 사이라면 → g값은 1%
- 평균이 3~4% 사이라면 → g값은 3%
- 평균이 0~1% 사이라면 → g값은 0%

이처럼 g값은 반올림하지 말고 항상 내림 처리해 보수적으로 추정하는 것이 원칙입니다. 이는 시간이 지날수록 성장세가 둔화될 수 있다는 점을 미리 반영함으로써, 기업의 내재가치를 보다 신중하고 현실적으로 평가할 수 있게 해줍니다.

베스트 바이는 성숙하고 안정적인 저성장 기업이기 때문에, 과거 잉여현금흐름 성장률의 평균을 바탕으로 미래 성장률을 추정할 수 있다는 점에 유의해야 합니다.

반면, 어떤 기업이 지속적으로 연 4% 이상의 높은 성장률을 기록해 왔다면, 그 수치를 그대로 영구성장률로 반영하는 것은 적절하지 않을 수 있습니다. 모든 기업은 시간이 지날수록 성장 속도가 점차 둔화되며, 장기적으로는 좀 더 안정적인 수준에 수렴하는 경향이 있기 때문입니다. 즉, 지나치게 빠른 성장률은 영구히 지속되기가 어렵다는 점을 고려해, 보수적인 관점에서 장기 성장률을 추정하는 것이 바람직합니다.

빠르게 성장하는 기업의 경우, g값은 보통 3~4% 수준으로 설정하는 것이 적절합니다.[17] 이는 본질적으로, 4년 차 이후부터 해당 기업의 잉여현금흐름이 연평균 약 3~4% 수준으로 성장할 것으로 예상한다는 의미입니다.[18]

급성장하는 기업의 경우, 성장세가 언제 둔화될지, 또 얼마나 크게 둔화될지는 누구도 정확히 예측할 수 없습니다. 실제로 둔화가 일어나기 전까지는 모든 것이 불확실하기 때문입니다. 바로 그렇기 때문에, 이런 기업을 평가할 때는 연 3~4% 수준의 보수적인 성장률을 적용하는 것이 바람직합니다. 이는 4년 차 이후부터 현재의 고성장세가 점차 둔화될 것이라는 가정을 반영한 것으로, 과도한 낙관을 피하면서도 현실적인 내재가치를 산출하기 위한 접근입니다.

미래의 둔화 시점을 정확히 알 수 없다면, 먼 훗날보다는 좀 더 이른 시점, 즉 4년 차 이후부터 둔화될 것이라고 가정하는 편이

---

17 기업의 잉여현금흐름이 연 4~10%로 성장해 왔다면, g값은 3%를 적용하는 것이 적절합니다. 만약 연 10%를 초과하는 높은 성장률을 기록해 왔다면, g값은 4%를 사용하는 것이 바람직합니다.

18 일부 투자 이론가나 교수들은 g값이 GDP 성장률(통상 약 2.5%)을 초과해서는 안 된다고 주장합니다. 왜냐하면 기업의 성장률이 경제 전체 성장률보다 높게 유지된다면 결국 그 기업이 경제 전체보다 커진다는, 현실과 동떨어진 전제를 포함하게 되기 때문입니다. 하지만 실제 투자에서는 이런 원칙을 무조건 적용하는 것이 오히려 문제를 일으킬 수 있습니다. 빠르게 성장하는 기업에 너무 낮은 g값을 적용하면, 기업 가치를 지나치게 보수적으로 평가하게 되고, 그 결과 저평가 기회를 알아채지 못한 채 투자를 놓치게 될 수 있습니다. 즉, 이런 방식은 안전마진을 지나치게 크게 설정하는 오류로 이어질 수 있으며, 고성장 기업에 대한 합리적인 투자 판단을 방해할 수 있습니다.

합리적입니다. 이런 보수적인 가정은 영구성장률을 과대평가하는 실수를 줄여주며, 결과적으로 기업에 대해 지나치게 높은 가격을 지불하는 위험을 낮춰줍니다. 다시 말해, 성장이 조기에 둔화될 것이라고 가정하는 것은 불확실한 미래에 대비하는 일종의 완충 장치이며, 누구도 성장의 정점을 정확히 알 수 없다는 현실에 기반한 실질적인 투자 보호 수단이라 할 수 있습니다.

베스트 바이의 영구성장률을 계산하기에 앞서, 먼저 비정상적인 수치나 일회성 변동이 있었던 해를 걸러내야 합니다. 과거 데이터를 분석할 때는 극단적인 변화가 있었던 시기가 있는지 확인하는 것이 중요합니다. 이런 수치는 다시 반복될 가능성이 작기 때문에, 기업의 장기적인 잉여현금흐름 성장률을 추정할 때는 평균 계산에서 제외하는 것이 바람직합니다.

잉여현금흐름 성장률을 살펴보면, 2017년 수치가 유독 눈에 띕니다. 그해 베스트 바이는 잉여현금흐름이 크게 증가했는데, 주된 원인은 2016년 수치가 이례적으로 낮아서였습니다. 2016년 잉여현금흐름은 6억 9,000만 달러에 불과했고, 그 결과 2017년 성장률이 무려 184%까지 치솟았습니다. 하지만 이런 급격한 증가는 지속 가능하지 않은 일회성 변화로 볼 수 있으며, 앞으로 같은 수준의 성장률이 반복될 가능성은 매우 작습니다. 따라서 우리는 2017년 수치를 평균 계산에서 제외할 것입니다.

[표 3-9]에 정리된 다른 연도들을 보면, 추가로 제외할 만큼 특이한 수치는 없어 보입니다. 이제 우리는 영구성장률을 예측할 준비를 마쳤습니다. 하지만 본격적인 계산에 들어가기 전에, 반드시 자기에게 던져야 할 질문이 하나 있습니다. 바로 "이 기업은 해자, 즉 장기적인 경쟁우위를 가지고 있는가?"입니다.

[표 3-9] 베스트 바이 연도별 잉여현금흐름 성장률

단위: 10억 달러

회계연도 종료(2월)	과거 실적				추정치			
	2017	2018	2019	2020	2021	2022	2023	2024
잉여현금흐름	1.963	1.453	1.589	1.822	1.438	1.468	1.497	1.526
잉여현금흐름 성장률	184%	-25.9%	9.3%	14.6%	-21.0%	2.08%	1.9%	1.9%

아직 '2장 탁월한 기업을 찾는 법'을 읽지 않았다면, 투자를 시작하기 전에 반드시 읽어보길 권합니다. 이 내용은 투자 판단을 내릴 때 핵심적인 기반이 됩니다.

이 책에서는 탁월한 기업을, 해자를 보유하고 있으며 예측 가능한 산업에 속한 기업으로 정의했습니다. 이처럼 변화 속도가 느린 산업에 속하고 해자를 가진 기업에 투자하면, 잉여현금흐름 역시 예측 가능하고 안정적입니다. 즉 잉여현금흐름이 갑자기 악화하거나, 과거 실적이나 기대치에서 크게 벗어날 가능성이 작다는 뜻입니다.

이런 특성 때문에 탁월한 기업의 영구성장률은 과거 평균 성장률과 향후 성장률 전망과 유사한 수준으로 유지될 가능성이 큽니다. 기업과 산업 자체가 큰 변화를 겪지 않기 때문에, 잉여현금흐름 역시 매년 일정한 수준에서 유지될 가능성이 큽니다. 따라서 과거 데이터를 기반으로 미래를 예측하는 방식은, 이런 기업들에 대해 충분히 신뢰할 수 있는 접근법이 됩니다.

변화 속도가 느린 산업에 속한 기업에 투자하고 있고, 강력한 해자를 갖춘 기업임을 확신했으며, 비정상적인 수치나 일회성 변동 요소도 제거했다면, 이제 잉여현금흐름의 영구성장률을 본격적으로 계산할 준비가 된 것입니다.[19]

해자를 갖춘 예측 가능한 사업체는 잉여현금흐름 성장률이 대부분의 기간 동안 일정하게 유지되는 경향이 있습니다. 따라서 과거와 예상 성장률의 평균만으로도 영구성장률을 간단하게 계

19　베스트 바이는 강력한 해자를 가진 기업이라고 보긴 어렵습니다. 소비자 입장에서 꼭 베스트 바이에서 제품을 구매해야 할 뚜렷한 이유가 있을까요? 독점적인 제품을 판매하는 것도 아니고, 브랜드 파워가 특별히 강한 편도 아닙니다. 수익성 역시 높다고 보긴 어렵습니다. 그럼에도 불구하고, 이 책의 목적에 비춰볼 때 베스트 바이는 좋은 사례가 됩니다. 왜냐하면 최근에 이례적인 수치나 일시적인 실적 변동이 있었기 때문입니다. 이런 사례는 투자 분석을 연습하고 배우는 데 유용한 학습 자료가 될 수 있습니다.

산할 수 있습니다.

베스트 바이의 성장률을 구하면 다음과 같습니다.

$$"g" = \frac{-25.9\% + 9.3\% + 14.6\% - 21.0\% + 2.08\% + 1.9\% + 1.9\%}{7}$$

[표 3-9] 베스트 바이 연도별 잉여현금흐름 성장률

단위: 10억 달러

회계연도 종료(2월)	과거 실적				추정치			
	2017	2018	2019	2020	2021	2022	2023	2024
잉여현금흐름	1.963	1.453	1.589	1.822	1.438	1.468	1.497	1.526
잉여현금흐름 성장률	184%	-25.9%	9.3%	14.6%	-21.0%	2.08%	1.9%	1.9%

성장률의 평균은 -2.44%입니다. 따라서 베스트 바이의 잉여현금흐름 영구성장률을 -2.44%로 설정하여 영속가치를 계산할 수 있습니다.

$$영속가치 = \frac{FCF_4(1+g)}{r-g} \times \frac{1}{(1+r)^4}$$

베스트 바이의 잉여현금흐름 영구성장률은 마이너스입니다. 이는 2024년 이후부터 기업의 현금 창출 능력이 점차 감소할 것으로 예상된다는 의미이며, 일반적으로는 기업에 좋지 않은 신호로 받아들여집니다. 다시 말해, 현금흐름이 점점 약해지고 있다는 경고이기도 합니다.

이 결과는 현재 업계 흐름과 환경을 감안하면 충분히 타당한 해석입니다. 전통적인 소매 산업은 이미 성장의 정점을 지났고, 전자상거래 업체들이 계속해서 시장 점유율을 잠식하고 있는 상황입니다.

여기에 더해, 코로나19 팬데믹은 기업 전반에 걸쳐 심각한 영향을 주었으며, 이런 변화는 성장 둔화를 더욱 빠르게 가속시키고 있습니다. 팬데믹이 기업에 미치는 장기적 영향은 여전히 불확실하며, 이 책이 집필되는 현재 시점에서도 상황은 계속해서 전개 중입니다.

나는 장기적으로 현금흐름이 줄어드는 기업에 투자하지 않습니다. 그보다는 잉여현금흐름이 꾸준히 증가하는 성장 기업에 투자하는 것을 선호합니다. 왜냐하면 현금흐름이 성장하는 기업에 투자할 때, 주식 시장에서 지속적인 수익을 올리기가 훨씬 더 수월하기 때문입니다.[20]

이제 내재가치 계산에 필요한 모든 변수를 준비했습니다. 남은 일은 단순합니다. 지금까지 도출한 수치를 공식에 대입해 베스트 바이의 내재가치를 계산하면 됩니다.

$$\text{내재가치} = \frac{FCF_1}{(1+r)^1} + \frac{FCF_2}{(1+r)^2} + \frac{FCF_3}{(1+r)^3} + \frac{FCF_4}{(1+r)^4} + \left[\frac{FCF_4(1+g)}{r-g} \times \frac{1}{(1+r)^4} \right]$$

$$128.6\text{억 달러} = \frac{1.438}{(1+0.1)^1} + \frac{1.468}{(1+0.1)^2} + \frac{1.497}{(1+0.1)^3} + \frac{1.526}{(1+0.1)^4} + \left[\frac{1.526(1-0.0244)}{0.1+0.0244} \times \frac{1}{(1+0.1)^4} \right]$$

단위: 10억 달러

계산 결과, 베스트 바이의 내재가치는 약 128억 6,000만 달러로 나타났습니다. 따라서 이 기업이 그보다 낮은 시가총액에서 거래되고 있다면, 투자 매력이 있는 상황이라 볼 수 있습니다.

내재가치를 주당 가치로 환산할 수도 있습니다. 꼭 필요한 절차는 아니지만, 주가는 시가총액보다 더 자주 활용되는 지표이기 때문에, 실제 투자 판단에서 더 직관적이고 실용적일 수 있습니다. 시가총액은 [주식 수 × 주가]로 계산되며, 적정 주가를 알아내려면 [내재가치 ÷ 발행 주식 수]로 계산하면 됩니다. 발행 주식 수는 기업의 사업보고서에서 확인할 수 있으며, 미국의 경우 일반적으로 "United States Securities and Exchange

---

20 베스트 바이는 이 책에서 다루기에 좋은 사례입니다. 왜냐하면 일부 초보 투자자들이 흔히 갖는 믿음, 즉 "기업은 항상 성장하고, 주가는 장기적으로 반드시 오른다"는 것이 반드시 옳은 것은 아님을 잘 보여주기 때문입니다. 많은 사람들은 대부분의 주식이 시간이 지나면 결국 오를 것이라고 생각하지만, 베스트 바이의 사례는 일부 기업이 구조적으로 장기적인 성장을 이어가기 어려울 수도 있다는 현실을 분명히 보여줍니다.

Commission"이라는 제목 아래, 보고서 목차 앞쪽에 표시되어 있습니다.[21]

베스트 바이는 최신 보고서 기준으로 256,971,220주가 발행되어 있으며, 이를 기준으로 내재가치를 나누면 주당 약 50달러가 적정 주가로 계산됩니다. 이 글을 쓰는 시점(2020년), 베스트 바이는 주당 약 77달러에 거래되고 있습니다. 이는 계산된 적정 주가보다 훨씬 높은 수준이므로, 지금 당장은 투자하기에 적절한 시점이 아닙니다.

주식의 내재가치를 계산해 보면, 시장에서 고평가된 종목을 자주 마주하게 됩니다. 하지만 그렇다고 실망할 필요는 없습니다. 실제로 주식은 저평가된 경우보다 고평가된 경우가 훨씬 더 많기 때문입니다. 만약 대부분의 주식이 저평가되어 있다면 누구나 아무 때나, 아무 종목에 투자해도 손쉽게 높은 수익을 올릴 수 있을 것입니다.

하지만 현실은 그렇게 단순하지 않습니다. 그래서 투자의 핵심은 인내심입니다. 정말 탁월한 기업이, 매력적인 가격에 거래되기를 기다릴 줄 아는 것, 바로 그 태도가 성공적인 투자를 만드

---

21 한국의 경우, 전자공시시스템(DART)에서 해당 기업의 사업보고서를 통해 확인할 수 있습니다. - 옮긴이

는 중요한 자세입니다.

불과 몇 주 전만 해도 베스트 바이는 주당 48.10달러라는 최저가에 거래되었습니다. 이는 내재가치에 가까운 수준입니다. 이제 이렇게 가정해 봅시다. 주가가 내재가치보다 단 1달러 높은 주당 51달러까지 떨어졌다고 해도, 내가 이 기업에 투자할 의사가 있었다면 그 1달러 차이 때문에 결정을 망설이지는 않았을 것입니다(물론, 그 전제는 이 기업이 강력한 해자를 갖추고 있고, 수익성이 개선되고 있으며, 잉여현금흐름이 앞으로 성장할 것으로 기대된다는 점입니다).

일부 투자 서적에서는 주식에 투자하기 전에 50% 이상의 안전마진을 확보해야 한다고 주장합니다.[22] 하지만 이는 현실과 동떨어진 과도한 기준이라고 생각합니다. 기업의 미래 현금흐름에 대한 확신이 있고, 그 기업이 본질적으로 뛰어난 사업체라면 그 정도 수준의 안전마진은 꼭 필요하지 않습니다. 오히려 항상 그렇게 큰 마진을 요구한다면, 실제로 투자할 기회를 거의 찾지 못하게 될 것입니다. 그만큼 주식이 극단적으로 저평가되는 경우는 드물기 때문입니다.

---

22   안전마진 50%란 주식이 내재가치 대비 절반 가격에 거래될 때만 투자한다는 원칙을 의미합니다. 하지만 미래 현금흐름이 안정적으로 예측 가능한 기업에는 이런 수준의 과도한 안전마진이 불필요합니다. 이미 우리는 계산 과정에서 소수점을 절사하는 보수적 접근을 통해 합리적이고 충분한 안전마진을 확보하고 있기 때문입니다.

물론, 미래 현금흐름에 대한 확신이 부족한 기업이라면 상대적으로 더 큰 안전마진이 필요할 수 있습니다. 하지만 그런 기업이라면 더 이상 '탁월한 기업'이라고 부르기는 어렵습니다. 미래가 불투명하고 현금흐름이 예측되지 않는 기업에 투자하는 것은 결국 투자라기보다 투기에 가까운 행동이 되기 때문입니다. 이제, 워런 버핏이 '안전마진'에 대해 어떻게 말했는지 살펴보겠습니다.

"우리는 정말로 답을 알고 있다고 확신할 수 있는 사업을 선호합니다. 그래서 만약 그 사업이 속한 산업이나 경쟁 위치가 너무 불확실해서 수치를 신뢰할 수 없을 정도라면, 그 불확실성을 보완하려고 과도한 안전마진을 적용하지는 않습니다. 그보다는 우리가 더 잘 이해할 수 있는 다른 사업으로 넘어가는 것이 낫다고 생각합니다.
예를 들어 우리가 씨즈캔디(See's Candies)나 코카콜라 같은 기업에 투자할 때 우리가 세운 가정들이 크게 틀릴 가능성이 작다고 보기 때문에, 굳이 큰 폭의 안전마진이 필요하다고는 생각하지 않습니다. 물론, 훌륭한 기업 1달러짜리를 40센트에 살 수 있다면 가장 좋겠지만, 현실적으로 우리는 1달러에 가까운 가격에도 기꺼이 살 준비가 되어 있습니다."

주식 시장에서 과도하게 큰 안전마진이 반드시 필요한 것은 아닙니다. 내재가치를 계산할 때 전반적으로 보수적인 추정치를 적용하는 것만으로도 충분한 안전마진이 됩니다.

내재가치 계산은 성공적인 투자자가 되기 위한 두 번째 단계입니다. 그 과정이 다소 복잡할 수 있다는 점도 잘 알고 있기에, 여기 내재가치를 계산하는 주요 절차를 순서대로 정리해 두었습니다. 잠시 복습이 필요할 때나 실제로 주식을 평가할 때, 이 정리된 절차를 참고하시면 도움이 될 것입니다.

1. 이 책에서 소개한 방식대로, 작업 과정을 정리할 표를 먼저 만든다.
2. 주식 리서치 웹사이트에서 제공하는 매출 추정치를 활용해 향후 2년간의 매출을 추정한다.
3. 과거 및 예측된 매출 성장률을 참고해 3~4년 차의 매출을 추정한다.
4. 과거의 순이익률 데이터를 바탕으로 합리적인 미래 순이익률을 가정하고, 이를 활용해 예상 순이익을 계산한다.
5. 과거 잉여현금흐름과 순이익의 비율을 계산하고, 그 평균값을 미래에 적용할 비율로 설정한다.
6. 위에서 구한 순이익 추정치와 평균 비율을 활용해, 향후 4년간의 잉여현금흐름을 추정한다.
7. 이 장에서 제시된 기준에 따라, 적절한 영구성장률을 결정한다.

8. 모든 변수를 내재가치 공식에 대입하고, 할인율 r = 10%를 적용해 기업의 적정 가치를 계산한다.

$$\text{내재가치} = \frac{FCF_1}{(1+r)^1} + \frac{FCF_2}{(1+r)^2} + \frac{FCF_3}{(1+r)^3} + \frac{FCF_4}{(1+r)^4} + \left[\frac{FCF_4(1+g)}{r-g} \times \frac{1}{(1+r)^4} \right]$$

9. 주가가 내재가치보다 낮거나 그 수준에서 거래되고 있을 때만 매수한다.

적정한 매수 가격을 계산할 때 꼭 기억해야 할 간단하지만 중요한 조언이 있습니다. 시장 전체가 고평가되어 있을 때는 마치 좋은 거래를 찾는 것이 불가능하게 느껴질 수 있고, 그 시점에 내재가치를 계산하는 일이 무의미하게 여겨질 수도 있습니다. 어차피 싼 주식은 없을 테니까요. 하지만 시장이 비쌀 때라도 기업을 평가해 두는 일은 여전히 큰 의미가 있습니다.

관심 있는 기업을 분석한 결과 현재 고평가되어 있다고 판단되면, 그 기업의 내재가치를 스프레드시트에 미리 기록해 두세요. 이렇게 준비해 두면 주가가 저평가되기 시작했을 때, 얼마에 매수해야 하는지 정확히 알 수 있습니다.

진짜 투자 기회는 아주 짧은 순간에만 찾아옵니다. 그 순간이 왔을 때는 빠르게, 그러나 이성적으로 움직여야 합니다. 내재가치를 미리 계산해 두면 그 기회를 놓치지 않고 즉시 판단할 수 있습니다. 수많은 기업을 서둘러 분석하느라 허둥대지 않아도 됩니다. 적절한 시기가 왔을 때 매수 버튼만 누르면 됩니다.

당신이 나쁜 주식을 사는 일을 피하길 바라기에, 이 책은 주식 선택에 있어 높은 기준을 제시합니다. 질 낮은 기업에 투자하는 것은 결국 손실로 이어지기 때문입니다. 이런 엄격한 기준은 '탁월한 기업'을 매수할 '적정한 가격'을 찾는 데 시간이 걸리게 만들 수 있지만, 그 기다림은 충분히 가치가 있습니다.

진실

나는 앞서 주식의 내재가치를 계산하는 공식을 소개해 드렸습니다. 워런 버핏은 기업이 앞으로 창출할 잉여현금흐름을 예측하고, 이를 현재가치로 환산해 보는 것이 주식 가치를 평가하는 올바른 방법이라고 믿고 있습니다. 다만 그는 이 공식을 직접적으로 명시하거나, 영속가치를 수식으로 표현하진 않았습니다.

1995년 주주총회에서 워런 버핏은 이렇게 말했습니다.

"우리는 기업 전체를 사든, 일부 지분만을 사든, 그 기업이 앞으로 얼마나 많은 현금을 창출할 수 있을지를 봅니다. 물론 지분만 투자할 경우 기대치는 조금 달라질 수 있겠죠. 그다음엔 그 현금흐름을, 어떤 할인율을 적용해 현재가치로 환산할지를 고민합니다.

이런 과정을 단순한 방정식으로 표현할 수도 있지만, 실제로 우리는 그 공식을 종이에 써서 숫자를 대입해 계산해 본 적은 없습니다. 물론 머릿속에서는 그런 방식으로 사고하지만, 종이에 적진 않습니다. 앞으로도 그럴 일은 없을 겁니다. 그렇게 하면 오히려 분석에 불필요한 과학적 외형을 입히게 되니까요.

우리가 진정으로 선호하는 투자는, 복잡한 계산 없이도 그 가치가 명확히 보이는 경우입니다. 그 방정식은 판단의 틀일 뿐, 우리가 모든 변수를 일일이 대입하는 수단은 아닙니다."

워런 버핏은 내가 방금 소개한 내재가치 계산 방식이 옳은 접근법이라는 점을 강조합니다. 입력값을 신뢰할 수 있다면, 기업 가치평가도 정확해질 수 있다는 것이죠. 하지만 나 역시 영구성장률, 잉여현금흐름 대비 순이익 비율 같은 수치를 공식에 하나하나 대입하진 않습니다. 이런 계산은 대부분 머릿속에서 이루어집니다.

먼저 해당 기업의 시가총액, 즉 시장이 평가한 기업 가치를 확인한 뒤, 현금흐름표를 통해 과거에 얼마나 많은 잉여현금흐름을 창출해 왔는지 대략적인 감을 잡습니다. 그런 다음 이 기업이

'탁월한 기업'이라는 판단이 들면, 앞으로 어느 정도의 잉여현금흐름을 창출할 수 있을지, 그것이 언제 발생할지, 그리고 그 현금흐름이 기대하는 투자 수익률을 제공할 수 있을지를 따져봅니다.

이런 예측이 실제로 맞을 가능성이 얼마나 되는지도 중요합니다. 기업이 탁월할수록 그 가능성은 커집니다. 만약 이 기업이 충분한 현금을 안정적으로 창출할 수 있고, 기대하는 수익률도 달성할 수 있다고 판단되면, 나는 기꺼이 투자합니다.

머릿속으로 계산한다는 말은, 내가 내재가치 공식을 암산으로 풀어낸다는 뜻이 아닙니다. 그보다는 내 판단력을 바탕으로 기업의 미래 잉여현금흐름을 추정하고, 그 수치가 현재 주가 수준에서 투자할 만한 충분한 가치를 지니는지, 또 그런 현금흐름이 경쟁 환경 속에서도 지속 가능할지를 평가한다는 의미입니다.

예를 들어, 어떤 탁월한 기업이 지난 몇 년간 매년 약 100만 달러의 잉여현금흐름을 꾸준히 창출해 왔고, 앞으로도 최소한 그 수준을 유지할 것으로 예상되며, 향후 몇 년간 안정적인 성장이 기대된다면 어떨까요? 그런데 현재 시가총액이 약 1,000만 달러라면, 이 기업에 투자해야 한다는 판단은 꽤 명확합니다. 우리는 이런 기업에 기꺼이 투자하고 싶을 것입니다.

물론, 기업의 성장 속도가 빠를수록 앞으로도 지금 수준의 잉여현금흐름이 이어질 것이라고 단순히 가정하는 것보다는, 그 흐름을 직접 추정해 보는 일이 훨씬 더 중요합니다. 하지만 여기서 중요한 건 계산 자체가 아니라, 전체적인 그림을 보는 능력입니다. 우리는 복잡한 수식을 사용하지 않더라도 미래의 현금흐름이 어느 정도 그려지고, 그 판단이 명확하다고 느껴질 때 비로소 투자에 나섭니다.

그렇다면 내재가치 계산 공식이 잘못된 걸까요? 그렇지 않습니다. 그 공식은 어디까지나 워런 버핏이나 내가 머릿속으로 진행하는 판단 과정을 수학적으로 표현한 것일 뿐입니다. 본질은 계산이 아니라 통찰에 있습니다.

다만 주식 시장에 점점 익숙해질수록, 머릿속으로 계산하는 방식이 더 효율적일 수 있다고 생각합니다. 미래의 잉여현금흐름을 직접 추정하는 편이, 복잡한 수식을 모두 적용하는 것보다 훨씬 빠르고 실용적입니다. 나 역시 계산을 일일이 거치지 않더라도 투자 판단이 충분히 명확하다고 느껴지는 기업에 투자하는 것을 선호합니다.

제3장 서약서

투자에서 두 번째로 중요한 단계는 적정한 가격에 사는 일입니다. 미래 잉여현금흐름의 현재가치가 시장에서 평가받는 수준보다 높다고 판단될 때, 그 기업은 매수 대상이 됩니다. 이런 기회를 포착하면, 장기적으로 큰 수익을 올릴 수 있습니다. 하지만 그 전에, 다음의 원칙을 이해하고 받아들여야 합니다.

나, _____은/는 투자에서 성공하기 위해 워런 버핏이 강조한 다음의 원칙들을 따를 것에 동의합니다.

- 이 장에서 소개한 공식을 활용해 기업의 내재가치를 직접 계산하겠습니다.
- 내재가치를 계산할 때 보수적으로 값을 내림 처리하여, 일정 수준의 안전여유를 확보하고 신중하게 투자 판단을 하겠습니다.
- 기업이 앞으로 창출할 잉여현금흐름을 예측한 뒤, 이를 10%의 할인율로 환산해 현재가치로 추정하는 방식으로 내재가치를 구하겠습니다.

제4장
배당 투자, 제대로 활용하는 법

사람마다 배당에 대한 생각은 다릅니다. 어떤 사람은 매달 꾸준히 들어오는 소득이 마음에 들어 배당을 선호하고, 어떤 사람은 수익률이 낮다는 이유로 별다른 관심을 두지 않습니다. 일반적인 방식으로는 배당 투자만으로 높은 수익을 내기 어려운 것이 사실입니다. 그러나 그 한계에도 불구하고, 배당 투자는 충분히 유효한 투자 전략입니다.

이 장에서는 현금흐름할인법(DCF)을 활용해 배당주의 내재가치를 계산하는 방법을 다룹니다. 이를 통해 배당주의 적정 가치를 파악할 수 있을 뿐 아니라, 배당 투자만으로도 시장을 능가하는 수익을 실현할 수 있다는 점을 살펴볼 것입니다. 배당 투자자가 아니더라도, 이 장을 통해 배당 투자가 가진 전략적 강점을 새롭게 인식하게 될 것입니다.

이 장에서 다룰 주요 내용은 다음과 같습니다.

- 배당의 기본 개념
- 배당 투자에서 자주 범하는 실수들
- 배당주의 내재가치를 계산하는 방법과 공식
- 좋은 배당주를 고르기 위해 반드시 살펴봐야 할 조건들

"남들이 탐욕스러울 때 두려워하고,
남들이 두려워할 때 탐욕을 부려라."

- 워런 버핏

　투자의 가장 큰 장점은 자신의 자금을 스스로 관리하고 운용할 수 있다는 점입니다. 어떻게 투자할지는 전적으로 본인의 판단에 달려 있습니다. 만약 꾸준한 현금흐름을 원한다면, 배당 투자에 눈을 돌려볼 수 있습니다.

　앞으로 받을 배당금을 예측해 이를 현재가치로 환산해 보는 방식은 단순하면서도 예측 가능한 전략이며, 주식의 내재가치를 평가하는 데도 효과적인 방법입니다. 안정적인 현금흐름을 중시하는 투자자에게는 특히 매력적인 선택이 될 수 있습니다.

　배당은 오늘날 투자 세계에서 특별한 의미를 갖습니다. 많은 투자자들이 안정적인 현금흐름을 만들기 위해 배당 중심의 포트폴리오를 선호합니다. 체계적으로 설계된 배당 전략은 단순한 현금 흐름 확보를 넘어, 장기적인 관점에서 주식 시장에서 지속 가능하고 의미 있는 수익을 창출할 수 있는 현실적인 투자 방법이 될 수 있습니다.

하지만 현실에서는 배당 투자에 비합리적으로 접근하는 경우가 많습니다. 배당 수익률이 높고 배당성향이 낮으며 과거 배당 이력이 안정적이라는 이유만으로, 별다른 분석 없이 종목을 매수하는 경우가 적지 않습니다. 적정 매수 가격이 얼마인지도 모른 채 '괜찮아 보인다'는 인상만으로 투자를 결정하는 경우도 흔합니다.

그러나 그 주식의 현재가치조차 제대로 파악하지 못한 상태에서, 어떻게 만족할 만한 수익을 기대할 수 있을까요? 철저한 분석 없이 접근하면, 결국 수익보다 손실이 더 클 수 있습니다.

이 장에서는 배당주를 선택할 때 반드시 확인해야 할 핵심 요소들과, 배당주의 내재가치를 계산하는 방법을 설명할 것입니다. 당신이 평소에 배당 투자를 지향하지 않더라도, 보유한 주식 중 상당수가 배당을 지급할 가능성이 크다는 점에서, 안정적이고 지속 가능한 배당을 구별해 내는 능력은 모든 투자자에게 꼭 필요한 역량입니다.

이제 본격적인 분석에 앞서, 좋은 배당주가 갖춰야 할 기본 요건과 판단 기준부터 차근히 살펴보겠습니다.

배당의 기본 개념

처음 투자를 시작한다면, 배당에 대한 기본적인 개념부터 이해하는 것이 좋습니다. 어떤 주식은 배당금을 지급하는데, 이는 기업이 벌어들인 이익 중 일부를 주주에게 나눠주는 것입니다. 보통 배당금은 분기마다 한 번씩 지급됩니다.

예를 들어, 어떤 기업이 1년에 주당 4달러의 배당금을 주기로 했다면 3개월마다 주당 1달러씩, 1년에 네 번 나눠 받게 되는 셈입니다. 배당은 기업이 자율적으로 결정하는 것이기 때문에, 지급을 시작하거나 중단하는 것 또한 전적으로 기업의 선택입니다.

물론 많은 기업들이 배당을 꾸준히 지급하고 있습니다. 대개는 기업이 현금을 충분히 갖고 있고, 그 돈을 성장을 위해 추가적으로 투자할 만한 곳이 마땅치 않을 때 배당을 시작하는 경우가 많습니다.

배당에는 단점도 있습니다. 배당금을 주는 순간, 기업은 그만큼의 현금을 사업에서 빼내 써야 하므로 재투자나 미래 성장을 위한 자금이 줄어들 수 있습니다.

많은 투자자들이 중요하게 보는 지표 중 하나가 바로 배당 수익률입니다. 배당 수익률은 주당 배당금을 현재 주가로 나눠 계산하며, 보통 퍼센트(%)로 표시됩니다. 이는 기업이 앞으로도 배당금을 계속 지금과 같은 수준으로 지급한다고 가정할 때, 배당만으로 1년 동안 어느 정도의 수익을 얻을 수 있는지를 보여줍니다. 예를 들어 어떤 주식의 배당 수익률이 2.5%라면, 주가의 변동과는 별개로 매년 2.5%의 수익을 배당금으로 받는 셈입니다.

이 수치는 실제로 얼마나 배당을 받게 되는지도 쉽게 보여주는데, 예컨대 배당 수익률이 2.5%인 주식에 100달러를 투자하면 연간 2.50달러, 수익률이 4%라면 100달러당 4달러를 배당금으로 받게 됩니다. 정리하자면, 배당 수익률이 높을수록 같은 금액을 투자했을 때 더 많은 배당금을 받을 수 있다는 뜻입니다.

초보 투자자 중에는 배당 수익률만 보고 투자 결정을 내리는 경우가 많습니다. 배당 수익률이 높을수록 더 많은 현금을 받을 수 있다고 생각하기 때문인데요. 실제로는 그렇게 간단하지가 않습니다. 현재의 배당 수익률만으로는 그 주식이 앞으로 좋은 수익을 낼 수 있을지 판단하기가 어렵습니다.

장기적인 배당 수익률은 크게 두 가지 요소에 따라 달라지는데 하나는 지금의 배당 수익률이고, 다른 하나는 앞으로 배당이 얼마나 늘어날 수 있는지, 즉 배당 성장률입니다. 결국 중요한 건이 두 요소가 균형 있게 조화를 이루는 것입니다. 예를 들어 지금은 배당 수익률이 낮지만, 배당을 빠르게 늘려가고 있는 기업이라면 시간이 지날수록 더 많은 현금을 주주에게 돌려줄 수 있습니다.

반면 현재 배당 수익률이 높더라도 배당이 거의 늘어나지 않는다면, 오랜 시간 투자했을 때 기대 수익이 오히려 낮아질 수도 있습니다. 다시 말해, 단순히 수치 하나만 보고 좋은 주식을 고르기는 어렵습니다. 어느 한쪽이 반드시 더 낫다고 말하기보다는, 현재의 수익률과 미래의 성장 가능성이 얼마나 균형을 이루고 있는지를 따져보는 게 중요합니다. 이 장의 뒷부분에서는 이런 균형을 잘 갖춘 우량 배당주를 어떻게 고를 수 있을지 살펴보겠습니다.

배당성향, 얼마나 높아야 좋을까?

배당이 앞으로도 계속 늘어날 수 있을지를 판단할 때, 참고할 만한 지표 중 하나가 배당성향입니다. 배당성향은 기업이 1년 동안 벌어들인 순이익 중에서 얼마를 주주에게 배당금으로 나눠줬는지를 보여주는 지표입니다. 계산은 간단합니다. 주당 배당금을 주당순이익으로 나누면 됩니다. 예를 들어 어떤 기업의 배당

성향이 45%라면, 그 회사는 순이익의 45%를 배당금으로 지급하고 있다는 뜻입니다. 이 지표를 통해 기업이 얼마나 적극적으로 이익을 환원하고 있는지, 그리고 향후 배당을 늘릴 여지가 어느 정도 남아 있는지를 가늠해 볼 수 있습니다.

일반적으로 배당성향이 높아질수록 기업이 벌어들인 이익을 사업에 다시 투자할 여력이 줄어들기 때문에, 장기적인 성장 가능성도 작아질 수 있습니다. 또 배당으로 지급할 여유 자금이 줄어들면, 배당금을 계속 늘리기도 어려워집니다.

그래서 보유한 종목 중에 지나치게 많은 이익을 배당으로 돌리고 있는 기업이 있다면 한 번쯤 주의해서 살펴볼 필요가 있습니다. 배당성향이 지나치게 높다는 것은 이미 벌어들인 이익 대부분을 다 나눠주고 있다는 뜻이기 때문입니다.

일반적인 기준으로는 배당성향이 70%를 넘는 기업에는 투자하지 않는 것이 좋습니다. 배당성향이 70% 미만인 기업을 선호하는 이유는, 그래야 향후 배당금을 늘릴 수 있는 여지가 남아 있기 때문입니다. 반대로 배당성향이 70%를 훌쩍 넘는다면, 이미 순이익의 대부분을 배당으로 지급하고 있다는 뜻이고, 앞으로 배당을 더 늘릴 여지는 크지 않을 수 있습니다. 결국 안정적인 배당 성장을 기대한다면, 일정 수준 이하의 배당성향을 유지하고 있는 기업을 고르는 것이 현명한 접근입니다.

배당성향이 높은 기업은 장기적인 배당 투자 관점에서 상당히 위험할 수 있습니다. 경제 상황이 나빠지거나 기업이 어려움에 처했을 때, 배당을 줄이거나 아예 끊어버릴 가능성이 크기 때문입니다. 기업이 위기 상황에서 당장 줄일 수 있는 비용 항목은 생각보다 많지 않습니다. 특히 규모가 큰 기업일수록 구조적인 비용을 조정하는 데는 시간과 준비가 필요합니다.

반면, 배당은 법적으로 반드시 지급해야 하는 의무가 아니기 때문에 기업 입장에서는 가장 손쉽게 줄일 수 있는 항목입니다. 실제로는 배당금이 순이익의 절반 이상을 차지하는 경우도 많아, 기업 입장에서는 배당을 계속 유지할 경우 상당한 수준의 현금을 외부로 유출하게 됩니다. 이런 이유로, 많은 기업들은 불확실성이 커지면 비용 조정보다 먼저 배당을 줄이는 쪽을 선택하곤 합니다. 특히 배당성향이 높을수록, 이런 선택은 더 빠르게 일어나기 마련입니다.

너무 높은 배당성향은 기업의 성장을 가로막는 걸림돌이 되기도 합니다. 일반적으로 배당성향이 70%를 넘는 경우, 기업은 신규 고객을 확보하거나 사업을 확장하기 위해 필요한 자금을 충분히 확보하기가 어렵습니다. 재투자 여력이 줄어들면 자연히 성장이 둔화될 수밖에 없고, 그렇게 되면 장기적으로 기업 가치, 즉 주가가 크게 오르기 힘들어집니다.

결국 주가가 오르지 않는다면 배당을 아무리 많이 받아도 전체적인 투자 성과는 제한될 수밖에 없습니다. 그래서 단순히 배당 수익률이 높다고 해서 무조건 투자해선 안 됩니다. 배당성향이 70%를 넘는 기업은 투자자 입장에서 현금흐름과 성장 가능성 측면 모두, 위험에 노출되어 있다는 점을 꼭 염두에 두어야 합니다.

배당의 재원은 어디서 나오는가?

기업이 수년간 배당금을 꾸준히 늘리기 위해서는 전제 조건이 하나 있습니다. 바로 이익이 함께 성장해야 한다는 것입니다. 이익이 정체되거나 줄어들면, 배당금도 결국 어느 시점에서 성장을 멈추거나 줄어들 수밖에 없습니다.

그렇다면 기업의 이익이 앞으로도 계속 늘어날 수 있을지를 어떻게 확인할 수 있을까요? 이런 경우에는 Zacks.com(한국은 네이버 증권 - 옮긴이) 같은 주식 리서치 사이트를 참고하면 도움이 됩니다. 해당 기업의 티커 심볼을 입력하면 'Expected EPS Growth (3-5yr) [예상 EPS 성장률(3~5년)]'이라는 항목을 찾을 수 있는데, 이는 애널리스트들이 앞으로 3~5년 동안 해당 기업의 주당순이익(EPS)이 연평균 몇 퍼센트씩 증가할 것으로 예상하는지를 나타냅니다. 예를 들어 이 수치가 6%라면, 향후 5년간 매년 평균 6%씩 이익이 성장할 것으로 보고 있다는 뜻입니다.

내 경험상, 연 4% 정도의 수익 성장률만 유지해도 배당금을 꾸준히 늘려가는 데는 큰 무리가 없습니다. 아무리 배당을 잘 주는 기업이라 해도, 이익이 좀처럼 늘지 않을 것 같다면 나는 투자하지 않습니다. 그런 기업은 시간이 지날수록 위험 부담이 커지기 때문입니다. 실제로 이익이 정체된 상태에서 억지로 배당을 늘리다 보면, 배당성향이 지나치게 높아지고 결국에는 배당을 더 이상 늘릴 수 없는 상황에 놓이게 됩니다. 그렇게 되면 투자자는 수익도 크지 않고, 배당도 정체된 주식을 계속 안고 있어야 하죠.

그래서 나는 배당주를 고를 때 항상 이익과 배당금이 함께 늘어날 수 있는 구조인지부터 따져봅니다. 투자에서 중요한 건 기준을 세우는 것이고, 그 기준에 맞는 기업에만 집중하는 겁니다.

배당의 내재가치: 배당 투자가 진짜 힘을 발휘할 때

지난 장에서는 현금흐름할인법(DCF)을 활용해 주식의 내재가치를 계산하는 방법을 살펴봤습니다. 이는 기업이 앞으로 벌어들일 현금흐름을 현재 기준으로 얼마의 가치가 있는지 따져보는 방식이었습니다. 이와 마찬가지로, 기업이 앞으로 지급할 배당금 역시 현재가치로 환산해 볼 수 있습니다.

주식 시장에 어느 정도 익숙한 투자자라면, 앞에서 설명한 '안전한 배당주를 고르는 기준'은 이미 익히 알고 있을 겁니다. 사실 배당의 안정성을 평가하는 데 필요한 조건은 그리 복잡하지 않습니다. 대부분의 기업이 배당을 꾸준히 유지하고 늘리는 데 집중하고 있기 때문입니다. 배당성향이 적당하고, 향후 실적이 성장할 것으로 기대된다고 해서 그 주식이 반드시 좋은 투자처가 되는 건 아닙니다. 이런 조건들은 어디까지나 '배당주로서 갖춰야 할 기본 전제'일 뿐, 그것만으로 성공적인 투자가 보장되는 건 아닙니다.

결국 투자에서 가장 중요한 원칙은 단 두 가지입니다. 탁월한 기업을 찾고, 그 기업을 좋은 가격에 사는 것. 이 두 가지는 언제나 통하는 기준입니다. 그러기 위해서는 그 기업이 지속적으로 경쟁력을 유지하고 있는지, 급격한 변화가 없는 산업에 속해 있는지, 그리고 재무 구조가 건전한지를 살펴야 합니다. 무엇보다도 중요한 건, 그 기업을 과도하게 비싸지 않은 가격에 매수하는 일입니다.

내 경험상, 많은 배당 투자자들이 시장 수익률을 넘지 못하는 가장 큰 이유는 좋은 기업을 '좋은 가격'이 아니라 '비싼 가격'에 사기 때문입니다. 흔히 "지금 좋아 보인다"라는 막연한 판단으로 주식을 사지만, 그렇게 접근해서는 안 됩니다. 겉으로 좋아 보이기 때문이 아니라, 스스로 그 기업이 진짜 투자할 만한 가치가 있다는 확신이 있을 때 매수해야 합니다.

이제부터 우리는 배당주를 어떤 가격에 사야 하는지, 즉 적정 매수 가격을 어떻게 계산할 수 있는지를 함께 살펴볼 겁니다. 혹시 앞 장을 아직 읽지 않으셨다면, 먼저 읽어보기를 권합니다. 앞 장에서는 기업이 앞으로 벌어들일 현금흐름을 기준으로 내재가치를 계산하는 방법을 다뤘습니다. 이번에는 그와 비슷한 방식으로, 앞으로 받을 배당금의 현재가치를 계산하는 과정을 알아볼 것입니다. 이 과정을 익히고 나면, 어떤 배당주가 충분한 현금흐름을 줄 수 있는지, 그리고 지금 그 주식을 살 만한지 좀 더 명확히 판단할 수 있게 될 것입니다.

내가 투자를 처음 시작했을 때 가장 크게 느낀 점은, 어떤 사업이나 자산이 앞으로 평생 얼마나 많은 현금을 벌어들일지를 대략적이라도 가늠할 수 있다면, 그 자산에 얼마를 지불해야 할지도 판단할 수 있다는 것이었습니다. 이 단순한 원칙만 제대로 이해해도, 대부분의 주식투자자들보다 훨씬 유리한 위치에 설 수 있습니다.

지금부터 소개할 공식은 앞 장에서 다뤘던 현금흐름할인법과 유사한 방식으로, 배당주가 앞으로 지급할 배당금의 흐름을 기준으로 내재가치를 계산하는 데 활용할 수 있는 방법입니다.

$$\text{내재가치} = \frac{D1}{(1+r)^1} + \frac{D2}{(1+r)^2} + \frac{D3}{(1+r)^3} + \frac{D4}{(1+r)^4} + \left[\frac{D4(1+g)}{r-g} \times \frac{1}{(1+r)^4} \right]$$

D1 = 1년 차 배당금
D2 = 2년 차 배당금
D3 = 3년 차 배당금
D4 = 4년 차 배당금
r = 요구수익률
g = 배당금 영구성장률(잉여현금흐름 영구성장률)

공식의 첫 번째 항인 $\frac{D1}{(1+r)}$ 는 기업이 1년 차에 지급할 배당금을 요구수익률(r)로 할인해, 우리가 원하는 수익률을 얻을 수 있도록 현재가치로 환산한 것입니다. 이런 방식은 이후 항에도 동일하게 적용됩니다.

그리고 $\frac{D4(1+g)}{r-g} \times \frac{1}{(1+r)^4}$ 는 4년 뒤부터 영구적으로 증가하는 배당금을 하나로 묶어, 그 가치를 현재 시점으로 환산한 항입니다. 다시 말해, 4년 차 이후에 받을 모든 배당이 오늘 기준으로 얼마나 가치 있는지를 계산한 것입니다. 결국 기업이 앞으로 얼마나 배당을 지급할지를 예측할 수 있다면, 그 배당을 받기 위해 지금 얼마를 지불해야 하는지도 계산할 수 있습니다. 내가 기대하는 수익률을 기준으로 미래 배당을 바라보면, 그에 맞는 적정 매수가를 산출할 수 있다는 뜻입니다.

그래서 배당주의 내재가치를 판단할 때 가장 중요한 건, 향후 배당이 얼마나 나올지를 미리 가늠해 보는 일입니다. 이제부터는 실제 사례를 통해 배당이 어떻게 변화할지 예측하는 과정을 살펴보겠습니다. 이 과정을 익혀두면, 당신도 배당주를 분석할 때 이 공식을 그대로 활용할 수 있을 것입니다.

1단계: 첫 4년간 배당금 지급액 예측하기

이제 '존슨앤드존슨(Johnson & Johnson)'을 예로 들어, 배당주의 가치를 평가하는 과정을 단계별로 살펴보겠습니다. 배당주의 내재가치를 계산할 때 가장 먼저 해야 할 일은, 앞으로 이 주식이 얼마나 배당을 지급할지를 예측하는 것입니다. 그중에서도 향후 4년 동안 지급될 배당금 규모를 가늠하는 것이 특히 중요합니다.

잉여현금흐름은 예측이 쉽지 않습니다. 이는 철저히 기업의 실적에 달려 있으며, 실적은 시장 환경에 따라 언제든 바뀔 수 있기 때문입니다. 물론 경쟁우위를 갖춘 기업이라면 잉여현금흐름 추정이 어느 정도 가능하지만, 여전히 불확실성은 남습니다.

반면, 배당금은 상대적으로 예측이 훨씬 수월합니다. 대부분의 기업이 배당을 꾸준히 지급해 왔고, 일정한 속도로 점진적으로 늘려온 경향이 있기 때문입니다. 업계 전반에 큰 변화가 없는 한, 경영진의 배당 정책은 대체로 일관되고 예측 가능한 흐름을 보입니다.

이처럼 기업의 미래 배당금을 예측할 때는, 과거의 배당 이력을 참고하는 것이 유용합니다. 특히 과거에 배당이 어느 정도의 속도로 증가해 왔는지를 보면, 앞으로 배당금이 어떤 흐름으로 늘어날지를 가늠할 수 있습니다.

이제 존슨앤드존슨의 배당 기록을 바탕으로, 미래 배당금을 어떻게 예측할 수 있는지 살펴보겠습니다. 이 과정을 익혀두면, 당신도 직접 배당주를 분석할 때 같은 방식으로 활용할 수 있을 것입니다.

존슨앤드존슨은 57년 넘게 배당금을 지급해 온 대표적인 배당주로, 매년 배당 규모를 꾸준히 늘려왔습니다. 이 글을 쓰는 현재(2020년)는 주당 4.04달러의 배당금을 지급하고 있으며, 주가는 약 150달러 수준입니다. 지난 5년간 배당금은 연평균 약 6.3% 증가했고, 10년 평균은 약 6.87%였습니다. 최근 3년과 1년간의 증가율도 모두 약 6%로 비슷한 수준을 유지하고 있습니다.

이처럼 최근 몇 년간 연 6% 안팎의 증가율을 꾸준히 보여왔다는 점을 감안하면, 앞으로도 유사한 흐름으로 배당이 증가할 것으로 보는 것이 자연스럽습니다. 애초에 이 책에서 존슨앤드존슨을 예시로 든 건 그저 우연이었지만 지난 1년, 3년, 5년, 10년 모두 비슷한 배당 성장률을 기록해 왔다는 점은 꽤 흥미로운 사실입니다.

물론 대부분의 기업이 이처럼 일정한 비율로 배당을 늘리는 것은 아닙니다. 다만 비슷한 수준을 유지하는 기업은 의외로 적지 않습니다. 배당 증가율을 예측할 때는 최근 3~5년간의 흐름을 중심으로 살펴보는 것이 좋습니다. 이 시기는 해당 기업이 최근 어떤 방식으로 배당을 늘려왔는지를 보여주며, 앞으로 경영진이 유사한 배당 정책을 유지할 가능성을 판단하는 데 유용한 기준이 됩니다.[1]

어떤 기업이 최근 3~5년 동안 해마다 평균적으로 X% 수준으로 배당을 늘려왔다면, 향후에도 비슷한 속도로 배당이 성장할 가능성이 크다고 볼 수 있습니다. 여러 기업의 배당 이력을 비교해 보면, 경영진이 얼마나 일관되게 배당 성장을 이어왔는지를 확인할 수 있습니다. 특히 경쟁우위를 갖추고 실적이 안정적으

---

[1] 배당주를 조사할 때 나는 개인적으로 '시킹알파(Seeking Alpha, 한국은 네이버 증권- 옮긴이)'라는 사이트를 자주 활용합니다. 배당과 관련해 꼭 알아야 할 정보들을 보기 쉽게 정리해 주기 때문에 매우 유용한 도구입니다.

로 성장하는 기업일수록 배당도 꾸준히 늘어나는 경향이 뚜렷하기 때문에, 미래 배당금을 예측하는 데 훨씬 수월합니다.

다시 존슨앤드존슨으로 돌아가 보면, 앞으로도 배당 성장률이 둔화되지 않을 가능성이 큽니다. 현재 배당성향이 약 59% 수준에 불과하기 때문입니다.[2] 이는 전체 순이익 중 절반 정도만을 배당으로 지급하고 있다는 뜻으로, 기업이 여전히 충분한 현금을 보유하고 있다는 의미이기도 합니다. 이처럼 배당 여력이 충분한 상황이라면, 지금까지 그랬던 것처럼 앞으로도 비슷한 속도로 배당금을 늘려갈 수 있을 것입니다.

따라서 이 기업이 향후에도 매년 약 6% 수준으로 배당금을 증가시킬 것이라는 전망은 비교적 현실적인 가정이라고 볼 수 있습니다. 현재 주당 4.04달러의 배당금이 앞으로 매년 6%씩 증가한다고 가정하면, 향후 4년 동안의 배당금을 미리 예측할 수 있습니다.

먼저 내년 배당금을 계산하려면, 현재 배당금인 4.04달러에

---

[2] 대부분의 기업은 배당성향이 59% 정도라면 무리 없이 배당금을 늘릴 수 있습니다. 내 경험상, 일반적으로 미국 기업의 평균적인 배당성향은 약 60% 수준입니다. 하지만 배당성향이 70%를 넘기 시작하면, 배당 증가 속도가 눈에 띄게 둔화되는 경우가 많습니다. 이 때문에 배당성향이 70% 이하인 기업에 투자하는 것이 바람직하다고 판단됩니다. 배당 여력을 남겨두는 기업일수록 안정적인 배당 성장을 이어갈 가능성이 크기 때문입니다. (한국 기업의 배당성향은 60%보다 많이 낮습니다. - 옮긴이)

6%를 더하면 됩니다. 즉, 4.04에 1.06을 곱하면 1년 차 예상 배당금이 나옵니다. 2년 차 배당금은 1년 차 배당금에 다시 1.06을 곱해 구할 수 있고, 3년 차 배당금도 같은 방식으로 2년 차 금액에 1.06을 곱하면 됩니다. 이와 같은 방식으로 계산한 배당금 예측값은 [표 4-1]에 정리했습니다.

[표 4-1] 존슨앤드존슨 4년간 예상되는 배당금

단위: 달러

연차	1년 차	2년 차	3년 차	4년 차
연간 배당금	4.28	4.53	4.81	5.10

향후 4년간 예상되는 배당금은 각각 4.28달러, 4.53달러, 4.81달러, 5.10달러입니다.[3] 하지만 배당주의 내재가치를 계산할 때, 이렇게 처음 4년 치 배당금만 예측하는 것으로는 충분하지 않습니다. 기업이 앞으로 오랜 기간 동안 지급할 모든 배당을 고려해야 하기 때문입니다.

---

3   탁월한 기업의 중요한 특징 중 하나는 잉여현금흐름이 비교적 예측 가능하다는 점입니다. 이 원칙은 배당주에도 그대로 적용됩니다. 좋은 배당주는, 말 그대로 배당금의 흐름이 예측 가능한 주식입니다. 반대로, 어떤 기업의 향후 실적이나 배당 정책이 지나치게 불확실해 배당금조차 가늠하기 어렵다면, 굳이 그 기업에 투자하기보다는 좀 더 예측 가능한 다른 기업에 주목하는 것이 더 현명한 선택입니다.

2단계: 적절한 영구성장률 적용하기

기업이 존속할 동안 지급할 배당금을 예측할 때, 4년 차 이후의 배당에 보수적인 영구성장률을 적용해 볼 수 있습니다. 이렇게 하면 장기적인 배당 흐름을 보다 현실적으로 가늠할 수 있습니다.

그렇다면 배당주에 어떤 수준의 영구성장률을 적용하는 것이 적절할까요? 이 부분은 비교적 쉽게 판단할 수 있습니다. 기업들이 과거에 얼마나 꾸준히 배당을 늘려왔는지를 보면, 앞으로도 어떤 흐름을 보일지 어느 정도 예측할 수 있기 때문입니다.

실제로 지난 50년 동안 S&P 500에 포함된 기업들은 배당금을 연평균 약 5%씩 증가해 왔습니다.[4] 대부분의 기업에 이 정도는 충분히 현실적인 기준이 될 수 있습니다. 다만 우리는 조금 더 보수적으로 접근하는 게 바람직하기 때문에, 일반적으로 연 4% 정도의 영구성장률을 적용하는 것이 안전합니다. 안정적인 사업 구조와 일관된 배당 정책을 유지하는 기업이라면, 앞으로도 연 4% 이상의 배당 성장은 충분히 기대할 수 있습니다.

---

[4] 이 수치는 시킹알파(Seeking Alpha)에서 제공한 자료로, 뉴욕대학교 스턴경영대학원 (NYU Stern School of Business)의 데이터를 인용한 내용입니다.

우리가 영구성장률로 4%를 사용하지 않는 경우는 딱 한 가지입니다. 바로 해당 기업이 최근 3~5년 동안 배당을 연평균 3~4% 수준으로만 증가시켜 온 경우입니다. 이처럼 과거 배당 증가율이 낮았던 기업이라면, 영구성장률도 좀 더 보수적으로 1~2% 수준으로 낮춰 잡는 것이 바람직합니다.

기업이 갑자기 더 빠른 속도로 배당을 늘릴 것이라고 기대하는 것은 섣부른 판단입니다. 소중한 자금을 투자하는 만큼, 항상 안전 여유를 두고 접근해야 합니다. 영구성장률을 무리하게 높게 설정하면 미래 배당금이 실제보다 부풀려지게 되고, 그 결과 주식의 내재가치 역시 과대평가될 수 있습니다. 이렇게 되면 실제 투자 수익률이 기대에 미치지 못할 가능성이 커집니다.

또 한 가지, 최근 몇 년간 배당이 연평균 3%에도 못 미치는 수준으로 증가해 왔다면, 나는 그런 종목에는 굳이 투자하지 않을 것입니다. 배당이 실질적으로 성장할 가능성이 거의 없기 때문입니다.

그런데 다음과 같은 의문이 들 수도 있습니다. "이 회사가 정말 앞으로도 매년 배당금을 4%씩 계속 늘릴 수 있을까?" "혹시 갑자기 배당을 줄이는 건 아닐까?" "배당이 어느 순간 멈춰버리는 건 아닐까?"

이런 걱정은 지극히 자연스럽고 당연한 것입니다. 사실 배당이 앞으로도 계속 지금처럼 늘어날 것이라고 100% 확신할 수는 없습니다. 예기치 못한 사건이 벌어질 수도 있고, 팬데믹처럼 전 세계적인 상황 변화로 기업의 배당 정책이 바뀔 가능성도 있기 때문입니다. 미래를 완전히 예측할 수 있는 사람은 없으니까요.

그렇다고 해서 모든 것이 불확실한 건 아닙니다. 기업이 앞으로도 배당을 안정적으로 늘려갈 수 있을지를 어느 정도 가늠할 수 있는 기준은 분명 존재합니다.

앞서 설명했듯이, 연간 이익이 4% 이상 꾸준히 성장할 것으로 기대되는 기업에 투자하는 것이 중요합니다. 수익이 안정적으로 증가하는 기업이라면, 배당 역시 그에 맞춰 꾸준히 늘릴 수 있는 기반이 마련되어 있기 때문입니다.

또 하나 고려해야 할 요소는 배당성향입니다. 일반적으로 배당성향이 70%를 넘지 않는 기업이 바람직합니다. 배당성향이 지나치게 높으면 추가적인 배당 증가 여력이 제한되기 때문에, 안정적인 배당 성장을 기대하려면 적절한 수준의 배당성향이 필요합니다.

따라서 배당성향이 지나치게 높지 않고, 향후 이익도 꾸준히 성장할 것으로 예상된다면, 배당이 줄어들 가능성은 작고 안정적인 배당 성장이 이어질 가능성도 충분히 있다고 볼 수 있습니다.

배당을 줄이거나 더 이상 늘리지 않을 가능성을 미리 점검하는 것은 매우 중요합니다. 왜냐하면 우리가 영구성장률을 적용한다는 것은, 해당 기업이 앞으로도 오랜 기간 동안 일정한 속도로 배당을 계속 늘릴 것이라는 가정을 전제로 하기 때문입니다.

그런데 실제로 배당이 줄어들거나 기대만큼 늘지 못한다면, 우리가 설정한 성장률은 현실을 제대로 반영하지 못하게 됩니다. 결과적으로 내재가치는 실제보다 높게 계산되어 지나치게 비싼 가격에 주식을 매수하게 될 수 있습니다. 결국 기대했던 수익률에 미치지 못할 가능성이 커집니다.

기업의 이익이 앞으로 연 4% 이상 꾸준히 증가할 것으로 예상되고 배당성향도 높지 않다면, 이제 적절한 영구성장률을 적용해 볼 수 있습니다.

다시 존슨앤드존슨의 사례로 돌아가 보면, 이 기업에 적용할 만한 영구성장률은 4% 정도가 적당합니다. 지금까지 매년 약 6%씩 배당을 늘려왔지만, 장기적으로는 그보다 다소 낮은 4% 수준에서 안정될 가능성이 큽니다. 일반적으로 배당 성장률은 시간이 흐를수록 4~5% 선으로 점차 낮아지는 경향이 있기 때문입니다.

또 이 회사의 배당성향은 약 59%로, 우리가 기준으로 삼는 70%를 밑돌고 있습니다. 이 정도면 배당 여력이 충분하다고 볼 수 있으며, 앞으로도 존슨앤드존슨이 매년 4% 정도의 배당 증가를 무리 없이 이어갈 수 있을 것으로 판단해도 무방합니다.

마지막 단계: 요구수익률 설정하기

이제 내재가치를 계산하는 마지막 단계입니다. 앞에서 살펴본 내재가치 계산 공식과 데이터 표를 다시 보면, 이제 계산에 필요한 모든 입력값이 갖춰졌습니다. 앞으로 얼마나 배당이 지급될지를 예측했고, 적용할 영구성장률도 4%로 결정했습니다.

$$\text{내재가치} = \frac{D1}{(1+r)^1} + \frac{D2}{(1+r)^2} + \frac{D3}{(1+r)^3} + \frac{D4}{(1+r)^4} + \left[\frac{D4(1+g)}{r-g} \times \frac{1}{(1+r)^4} \right]$$

~~D1 = 1년 차 배당금~~
~~D2 = 2년 차 배당금~~
~~D3 = 3년 차 배당금~~
~~D4 = 4년 차 배당금~~
r = 요구수익률
~~g = 배당금 영구성장률(잉여현금흐름 영구성장률)~~

[표 4-1] 존슨앤드존슨 4년간 예상되는 배당금

단위: 달러

연차	1년 차	2년 차	3년 차	4년 차
연간 배당금	4.28	4.53	4.81	5.10

우리가 아직 결정하지 않은 유일한 입력값은 바로 'r' 즉 요구수익률입니다. 여기서 말하는 요구수익률이란, 이 주식에 투자했을 때 배당을 통해 최소한 이 정도는 벌고 싶다고 생각하는 기준 수익률을 의미합니다. 다시 말해, 미래에 받을 배당금을 현재 가치로 환산할 때 사용하는 기준 수익률입니다.

그렇다면 요구수익률은 어느 수준으로 설정하는 것이 좋을까요? 나는 배당주를 평가할 때 요구수익률을 6%로 잡을 것을 권합니다. 앞으로 받을 배당금을 이 6% 수익률 기준으로 할인하면, 장기적으로 안정적인 수익을 기대할 수 있기 때문입니다.

예를 들어 해당 기업의 주가가 연 4% 정도만 상승하더라도(이 책에서 제시하는 기준을 충족하는 기업이라면 충분히 가능한 수치입니다), 거기에 배당 수익률 6%가 더해지면 결과적으로 매우 만족스러운 투자 수익률을 얻을 수 있습니다.

배당으로 연 6%의 수익을 얻는다고 하면, 다소 높다고 느껴질 수도 있습니다. 실제로 배당 수익률이 6%에 이르는 우량 종목을 찾는 일은 쉽지 않기 때문입니다. 하지만 계산 과정을 잘 살펴보면, 배당은 해마다 조금씩 증가하기 때문에 장기적인 관점에서 보면 6%의 요구수익률 기준에 부합하는 내재가치 수준에서 거래되는 종목을 찾는 것이 그리 어려운 일만은 아닙니다.

특히 시장에 불안감이 커지고 투자자들의 심리가 위축되는 시기에는, 우량한 배당주들이 일시적으로 저평가된 가격에 거래되는 경우가 자주 발생합니다. 이런 시기에는 6%를 기준으로 기업을 평가하면, 충분히 괜찮은 투자 기회를 발견할 수 있습니다.

$$\text{내재가치} = \frac{D1}{(1+r)^1} + \frac{D2}{(1+r)^2} + \frac{D3}{(1+r)^3} + \frac{D4}{(1+r)^4} + \left[\frac{D4(1+g)}{r-g} \times \frac{1}{(1+r)^4}\right]$$

$$g = 4\%$$

[표 4-1] 존슨앤드존슨 4년간 예상되는 배당금

단위: 달러

연차	1년 차	2년 차	3년 차	4년 차
연간 배당금	4.28	4.53	4.81	5.10

이제 모든 변수들을 적용해 존슨앤드존슨의 내재가치를 계산해 볼 수 있습니다. 계산 결과, 내재가치는 약 226.21달러로 나옵니다. 현재 주가가 약 150달러 수준이라는 점을 감안하면, 이 주식은 장기적인 배당 투자처로 충분히 매력적인 종목이라 할 수 있습니다. 다시 말해, 현재 주가는 내재가치에 비해 저평가되어 있는 셈입니다.

이 공식이 실제로 주식의 모든 미래 배당금에 대한 현재가치를 계산하고 있다는 점을 보여주기 위해, 나는 직접 스프레드시

트를 만들어 계산을 해봤습니다. 4%의 영구성장률과 초기 6%의 배당 성장률을 기준으로 미래 배당금을 추정한 뒤, 각 연도별 배당을 요구수익률에 따라 할인해 현재가치로 환산하고, 그 값을 모두 더했습니다. 그 결과, 공식으로 계산한 내재가치와 정확히 일치하는 226.21달러가 나왔습니다. 결국 'g'가 포함된 공식도 실제 내재가치를 구할 수 있는 합리적이고 신뢰할 만한 방법이라는 점을 확인한 셈입니다.

많은 분들이 처음에는 이 공식을 직관적으로 이해하기 어려워합니다. 반면, 스프레드시트에서 하나하나 배당을 할인해 더해보는 방식은 훨씬 직관적으로 다가옵니다. 그래서 나는 이 두 가지 방식이 결국 같은 계산이라는 점을 꼭 짚고 넘어가고 싶습니다. 이 사실을 알고 나면, 우리가 사용하는 공식이 결코 형식적인 수식이 아니라, 실제 주식의 내재가치를 정확히 반영해 주는 도구라는 점을 더 확신하고 활용할 수 있을 것입니다.

다음 장으로 넘어가기 전에 한 가지 정리하겠습니다. 앞 장에서 다룬 내재가치 계산법은 배당주에도 충분히 적용됩니다. 투자의 핵심은 기업이 앞으로 얼마나 안정적으로 현금을 벌어들이는지에 달려 있고, 배당 역시 그 잉여현금흐름에서 나오기 때문입니다.

배당을 중심에 두고 투자하는 경우라면 이번 장의 방식이 더 잘 맞을 수 있습니다. 하지만 그 외에는 앞 장에서 소개한 현금흐름 기반 방식이 더 적절합니다. 이유는 간단합니다. 그 방식이 기업의 본질적인 가치를 더 정확히 반영하기 때문입니다.

실제로 어떤 기업을 인수한다고 생각해 보면 가장 중요한 건 앞으로 벌어들일 돈이지, 배당이 얼마나 될지는 상대적으로 중요도가 낮습니다. 결국, '앞으로 받을 배당금'을 기준으로 삼고 싶을 때만 이번 방식이 의미가 있고, 대부분의 경우에는 미래 현금흐름을 기준으로 판단하는 쪽이 더 근본적이고 신중한 투자 방식이라 할 수 있습니다.

또 어떤 주식이 내재가치에 근접하거나 그보다 낮은 가격에 거래된다고 해서, 반드시 바로 매수해야 한다는 뜻은 아닙니다. 다음 장에서 분산투자에 대해 이야기하면서 그 이유를 자세히 살펴보겠습니다.

제4장 서약서

배당 투자는 예측 가능한 수익을 기대할 수 있는 효과적인 전략입니다. 하지만 많은 투자자들이 내재가치를 충분히 따져보지 않고 투자 결정을 내리는 실수를 저지르곤 합니다. 따라서 올바른 배당 투자를 위해서는 몇 가지 기준을 명확히 세우고, 그 기준을 꾸준히 지켜가는 태도가 필요합니다.

나, _____은/는 아래의 배당 투자 원칙을 따르기로 약속합니다.

- 배당성향이 70% 미만인 배당주를 선택하겠습니다.
- 배당금의 안정적인 성장을 위해 연 4% 이상의 이익 성장률을 갖춘 기업을 고려하겠습니다.
- 배당주의 내재가치를 판단할 때는, 미래 배당금을 예측하고 이를 현재가치로 할인하는 과정을 반드시 거치겠습니다.
- 이런 계산과 분석을 충분히 거친 뒤에만 투자 결정을 내리겠습니다.

제5장
분산투자가 해가 될 때

분산투자는 여러 자산에 나눠 투자해 위험을 줄이는 전략으로, 투자 세계에서 널리 인정받아 왔습니다. 그 이유는 간단하죠. 어렵게 모은 자산을 한 번에 잃지 않도록 보호해 주기 때문입니다. 하지만 분산투자가 항상 좋은 결과를 주는 것은 아닙니다. 자산을 지나치게 나눠 투자하다 보면, 더 좋은 주식에 집중할 기회를 오히려 놓칠 수 있기 때문입니다. 이번 장에서는 위험을 분산하는 것과 유망한 주식에 집중하는 것 사이에서 어떻게 균형을 잡을지 살펴보겠습니다.

이번 장에서 다룰 주요 내용은 다음과 같습니다.

- 왜 지나친 분산투자가 오히려 수익률을 떨어뜨릴 수 있는지
- 어떤 상황에서는 분산투자가 별 효과가 없는 이유
- 워런 버핏이 분산투자를 항상 옳다고 보지 않는 이유
- 분산투자가 실제로 필요한 상황은 어떤 경우인지
- 지금 내 포트폴리오는 더 늘려야 할지, 아니면 압축해야 할지 판단하는 방법
- 인덱스펀드가 전체 포트폴리오에서 어떤 역할을 할 수 있는지

> "자신이 무엇을 하고 있는지 아는 사람에게
> 일반적인 분산투자는 별 의미가 없습니다."
>
> - 워런 버핏

분산투자는 성공적인 투자에 있어 중요한 요소 중 하나입니다. 하지만 모든 분산투자가 좋은 것은 아닙니다. 제대로 설계된 분산은 위험을 줄여주지만, 잘못된 분산은 오히려 수익을 낮추는 결과로 이어질 수 있습니다. 이번 장에서는 포트폴리오를 제대로 분산하는 방법과, 많은 투자자들이 흔히 저지르는 분산투자의 실수에 대해 살펴보겠습니다.

분산투자의 기본

분산투자는 자금을 서로 다른 산업이나 기업에 분배해 투자함으로써 위험을 줄이는 전략입니다. 이때 중요한 건, 서로 독립적이고 성격이 다른 주식들을 고르는 것입니다.[1] 특정 기업이나 산업에 문제가 생기더라도, 다른 주식이 손실을 보완해 줄 수 있도록 대비하는 것이죠. 즉, 한 종목이나 산업에 과도하게 집중해 투자하는 것을 피하는 방식입니다. 어떤 기업이나 산업의 실적이 부진하더라도, 포트폴리오 전체에 결정적인 영향을 주지 않도록 하는 것이 목적입니다. 본질적으로 분산투자는 "모든 달걀을 한 바구니에 담지 말라"는 격언을 실천하는 전략입니다.

분산투자가 자산을 보호하는 방식은 크게 다음 두 가지입니다.

1. 잘못된 주식 선택에 따른 손실 위험을 줄여준다.
2. 특정 산업의 부진에도 포트폴리오 전체가 받는 충격을 완화해 준다.

분산투자가 포트폴리오를 보호하는 첫 번째 방식은 굳이 설명

---

[1] 내가 여기서 '서로 독립적인 주식'이라고 표현한 이유는, 여러 종목이 같은 요인에 의해 함께 움직이지 않도록 하기 위해서입니다. 예를 들어, 한 기업의 실적이 나빠졌을 때 다른 기업도 동시에 타격을 받는 구조라면, 분산의 효과는 거의 없기 때문입니다.

하지 않아도 이해될 만큼 직관적입니다. 여러 종목에 나눠 투자하면, 각 주식이 포트폴리오에서 차지하는 비중이 자연스럽게 작아집니다. 만약 분석이 틀려서 좋지 않은 종목을 하나 골랐다 해도, 그 종목의 비중이 작다면 전체 수익에 큰 영향을 주지 않습니다. 하지만 그 한 종목이 포트폴리오에서 큰 비중을 차지하고 있다면, 포트폴리오 전체 수익률이 크게 흔들릴 수 있습니다.

분산투자는 특정 산업 전체가 부진할 때 생길 수 있는 손실로부터 포트폴리오를 지켜줍니다. 산업의 흐름은 시대에 따라 변하며 때로는 이런 변화가, 보유 중인 주식에 부정적인 영향을 줄 수 있습니다. 따라서 포트폴리오를 여러 산업에 고르게 분산해 두면, 특정 산업이 흔들리더라도 전체에 미치는 충격을 줄일 수 있습니다.

반대로 한 산업에 투자 비중이 과도하게 몰려 있을 경우, 그 산업의 성장세가 꺾이면 보유 주식 대부분이 동시에 타격을 받을 수 있습니다. 하지만 서로 다른 산업에 걸쳐 투자하고 있다면, 한 산업에서 문제가 생겨도 피해는 일부 종목에만 제한될 가능성이 큽니다.

이처럼 분산투자는 산업 전반의 악재로부터 투자자산을 보호하고, 전체적인 투자 위험을 낮추는 데 중요한 역할을 합니다.

분산투자에서 흔히 하는 큰 실수

많은 투자서와 투자 사이트에서 포트폴리오의 비중을 한 섹터(sector)에 과도하게 몰지 말라고 조언합니다. 하지만 단순히 여러 섹터에 고르게 투자하는 것이 꼭 효과적인 분산이라고 보기는 어렵습니다. 오히려 수익률을 해칠 수도 있습니다.

적절한 분산을 이해하려면 '섹터'와 '산업(industry)'의 차이를 아는 것이 중요합니다. 섹터는 경제를 구성하는 큰 범주로 금융, 유틸리티, 경기소비재, 필수소비재, 에너지, 헬스케어, 산업재, 기술, 통신, 소재, 부동산 등 총 11개로 나뉩니다.

반면, 산업은 각 섹터 안에 속한 좀 더 구체적인 사업 영역을 말합니다. 예를 들어 금융 섹터 안에는 은행, 보험, 증권 같은 산업들이 포함되어 있습니다. 즉, 섹터는 기업이 속한 경제의 큰 흐름을, 산업은 그 기업이 실제로 하는 사업의 성격을 보여줍니다.

많은 투자자가 '섹터 비중'이라는 개념을 바탕으로 포트폴리오를 구성합니다. 예를 들어 S&P 500의 섹터 비중에 맞춰 투자하거나, 모든 섹터에 동일한 금액을 나눠 투자하는 식이죠. 하지만 이런 방식이 반드시 효과적인 분산을 보장하진 않습니다. 진짜 중요한 것은 겉으로 보기엔 섹터가 달라도, 실제로는 유사한 요인에 의해 움직이는 주식들로 포트폴리오가 구성돼 있지 않은지 따져보는 일입니다.

분산투자를 하지 말아야 할 때

투자란 결국, 자금을 어디에 어떻게 배분할지 결정함으로써 최대한 안전하고 예측 가능한 방식으로 수익을 올리는 과정입니다. 현명한 투자자는 과도한 위험을 감수하지 않고도, 가장 높은 수익을 낼 주식을 찾아낼 수 있는 사람입니다.

투자는 결국 기회비용의 문제입니다. 예를 들어 내가 주말 동안 시간을 들여 세 기업의 가치를 분석하고, 할인율 10%를 기준으로 내재가치를 계산해 봤다고 가정해 봅시다. 그 결과, 세 종목 모두 현재 가격이 내재가치보다 낮게 거래되고 있다는 사실을 확인했고, 여기에 총 1만 달러를 투자하기로 결정했다고 가정해 보겠습니다.

세 종목의 내재가치와 현재 주가는 [표 5-1]과 같습니다.

A, B, C 주식 모두 내재가치보다 낮거나 거의 그 수준에서 거래되고 있는 상황입니다. 이제 질문은 하나입니다. 이 계산 결과와 각 기업이 영위하는 사업에 대한 확신이 있다면, 총 1만 달러를 어떻게 나눠 투자하는 것이 가장 현명할까요?

어떤 사람은 세 종목에 모두 투자하고, 각 종목에 약 3,333달

[표 5-1] 3종목의 현재 주가와 내재가치

단위: 달러

기업명	A	B	C
현재 주가	95	75	60
주당 내재가치	100	125	60

러씩 균등하게 나누는 것이 현명하다고 생각할 수도 있습니다. 하지만 이런 방식은 기회비용을 고려하지 않은 결정입니다.

예를 들어 내재가치 수준에서 거래되고 있는 C 주식에 투자한 다면, 내재가치보다 훨씬 낮은 가격에 거래되고 있는 B 주식에 투자했을 때 얻을 수 있었던 더 높은 수익 기회를 놓치게 됩니다. 즉, B 주식은 할인 폭이 크기 때문에 C 주식보다 훨씬 더 높은 수익률을 기대할 수 있습니다. 모든 종목에 똑같이 나누는 것이 항상 합리적인 선택은 아닙니다.

C 주식은 내재가치가 60달러이고, 현재 60달러에 거래되고 있습니다. 반면, B 주식은 내재가치가 125달러인데, 시장에서는 75달러에 살 수 있습니다. 이 두 주식을 비교해 보면, B가 더 나은 투자처라는 것은 명확합니다. 같은 논리로 보면, A 주식보다도 B 주식이 내재가치 대비 더 큰 폭으로 저평가되어 있습니다. 그렇다면 더 높은 수익을 기대할 수 있는 B에 집중투자하는 것

이, 굳이 A나 C에 자금을 나누는 것보다 훨씬 합리적인 선택입니다.

투자에서 가장 중요한 원칙은 내재가치보다 충분히 저평가된 주식을 고르는 것입니다. 이 단순한 원칙이 투자 판단의 핵심입니다. 투자는 결국, 과도한 위험을 감수하지 않으면서 자본을 가장 유리한 곳에 배분하는 일입니다.

예를 들어 내재가치보다 10% 저평가된 주식과 20% 저평가된 주식이 있다면, 당연히 20% 저평가된 주식이 더 좋은 선택입니다. 할인 폭이 클수록, 장기 수익률은 높아집니다. 결국 좋은 투자는 가장 저평가된 주식을 찾는 것에서 시작됩니다.

겉보기에는 포트폴리오를 넓게 분산하는 것이 위험을 줄이는 현명한 방법처럼 보일 수 있습니다. 하지만 분산에도 비용이 따릅니다. 분산을 늘릴수록, 가장 확신 있는 종목보다 덜 매력적인 종목에까지 자본이 흘러가기 때문입니다.

예를 들어 투자하고 싶은 기업 10개를 골랐다고 해봅시다. 이 중에서 가장 뛰어나다고 생각되는 상위 5개 기업에만 투자하는 것이, 10개 모두에 나눠 투자하는 것보다 수익 면에서는 훨씬 나은 선택이 될 수 있습니다. 왜냐하면 진짜 수익은 대개 가장 확신할 수 있는 최상위 선택지에서 나오기 때문입니다.

하지만 10개 종목 모두에 투자하게 되면, 상대적으로 매력이 떨어지는 6~10번 종목에까지 자금이 분산됩니다. 이 종목들은 상위 5개만큼 좋은 성과를 내지 못할 가능성이 크고, 그 결과 전체 수익률은 희석될 수밖에 없습니다.

물론 더 많은 종목에 투자하면 위험을 분산하는 효과는 생깁니다. 하지만 그 대가는 분명합니다. 더 높은 수익을 기대할 수 있는 좋은 기업 대신, 그보다 덜 매력적인 기업에 소중한 자금을 나누게 되는 것이죠. 이와 관련해 워런 버핏은 분산투자에 대해 이렇게 말했습니다.

"일반적으로 말하는 분산투자는, 자신이 무엇을 하고 있는지 아는 사람에게는 별로 의미가 없습니다. 분산이라는 건, 결국 잘 모르기 때문에 취하는 방어적인 전략이죠. '시장보다 크게 손해만 안 보면 된다'는 생각이라면, 차라리 시장 전체에 투자하는 게 낫습니다. 그건 나쁜 선택이 아니고, 사업을 분석할 자신이 없다면 오히려 합리적인 방법일 수도 있어요.

하지만 기업을 분석하고, 그 가치를 평가할 줄 아는 사람이라면 얘기가 다릅니다. 그런 사람에게는 굳이 30개, 40개, 심지어 50개씩 종목을 나눠 살 이유가 없습니다. 세상에 정말 훌륭하고, 또 한 사람이 제대로 이해할 수 있는 기업은 그렇게 많지 않기 때문이죠.

우리가 정말 뛰어나다고 생각하는 기업이 있는데, 굳이 매력도가 30

위나 35위쯤 되는 종목에 돈을 나눠 넣는 건 납득이 가지 않습니다. 그렇게 되면 오히려 최고의 기업에 더 많이 투자하지 못하게 되니까요. 찰리와 나는 그걸 정말 비합리적인 일이라고 생각합니다."

'금융 전문가'나 투자 고수로 불리는 사람들 중에도 분산투자를 제대로 하지 못해, 스스로 포트폴리오의 잠재력을 갉아먹는 경우가 적지 않습니다. 특히 배당주 투자자들 중에는 이미 50개가 넘는 종목을 보유하고 있으면서도 '더 나은 분산'을 이유로 계속 새로운 종목을 추가하는 경우가 많습니다.

하지만 이렇게 종목 수가 많아지면, 포트폴리오 전체 수익률은 결국 시장 평균에 가까워질 수밖에 없습니다. 아주 뛰어난 기업이 만들어내는 수익, 평범한 기업이 내는 미미한 수익, 그리고 부실한 종목에서 생기는 손실이 모두 뒤섞이기 때문입니다. 그렇게 되면 결국 수익률은 인덱스펀드 수준으로 수렴하게 됩니다. 말하자면, 자기 손으로 인덱스펀드를 만들어가는 셈이죠.

그럴 바엔 차라리 처음부터 저비용 인덱스펀드에 투자하는 편이 낫습니다. 수십 개 기업을 분석하고 공부하면서 시간을 들이고 스트레스를 받는 수고를 하지 않아도 되니까요.

어떤 투자 전략이든 마찬가지입니다. 시장 수익률을 넘어선다는 목표가 없다면, 그 전략에 많은 시간을 들일 이유 또한 없습니다. 스스로 분석하고 공부한 만큼 보상을 받고 싶다면, 최소한 시장보다 나은 성과를 내는 것을 목표로 삼아야 합니다.

분산투자를 제대로 하려면, 위험은 줄이되 수익 기회는 놓치지 않는 균형을 잘 맞춰야 합니다. 분산이 지나치게 부족하면 투자 내내 불안하고, 예상치 못한 손실로 이어질 수 있습니다. 반대로 너무 과도하게 분산해 투자하면 수익 또한 분산되어, 결국 본인의 손으로 인덱스펀드를 만들어가는 셈이 됩니다.

많은 투자자들이 포트폴리오를 짤 때 자주 묻는 질문이 있습니다. 바로 "몇 종목에 투자하는 게 적절할까요?"입니다. 대부분은 누구에게나 적용될 수 있는 정답, 마법 같은 숫자를 기대하지만, 그런 숫자는 없습니다.

그렇다면 워런 버핏은 몇 개의 주식을 보유하는 것이 좋다고 생각할까요? 그는 이렇게 말합니다.

"버크셔 해서웨이 안에 있는 사업들 중에서 세 개만 고르라고 해도 나는 고를 수 있습니다. 그 세 개만 갖고 있다 해도 전혀 걱정 없고, 내 전 재산이 버크셔에 들어가 있어도 만족합니다."

워런 버핏은 세 종목의 주식만 보유하더라도 충분히 만족하며, 어떤 시장 상황에서도 자신 있게 투자할 수 있는 사람입니다.

하지만 그렇다고 해서 우리도 똑같이 세 종목만 보유하는 것이 현명한 전략은 아닙니다. 그는 우리보다 훨씬 더 많은 투자 경험이 있고, 기업 분석 능력이나 시장에 대한 통찰도 비교할 수 없을 만큼 뛰어난 투자자입니다. 무엇보다, 시장이 요동칠 때도 흔들림 없이 냉정한 판단을 유지할 수 있는 사람입니다. 그렇기 때문에 그에겐 굳이 많은 종목에 자금을 나눌 필요가 없는 것입니다.

버핏은 "분산투자는 무지를 방어하는 수단"이라고 말한 바 있습니다. 솔직히 말해, 우리는 버핏보다 모르는 것이 훨씬 많습니다. 따라서 우리에겐 적절한 수준의 분산이 반드시 필요합니다. 특히 투자를 막 시작한 단계라면, 포트폴리오를 분산해 리스크를 줄이는 것이 훨씬 더 중요합니다.

어쩔 수 없이 분산투자를 하게 되는 경우도 있습니다. 대부분 사람들은 월급을 받으면서 조금씩 자금을 모아가기에 그렇습니다. 예를 들어 매달 1,000달러씩 투자금을 마련한다고 가정해 봅시다. 이렇게 매달 투자하다 보면, 자연스럽게 여러 주식에 돈이 분산됩니다.

한두 달에 한 번쯤 '탁월한 기업을 좋은 가격에' 발견할 수 있다면, 1년 동안 총 1만 2,000달러를 여러 종목에 나눠 투자하게 되는 셈이죠. 그다음 해에도 또 1만 2,000달러를 투자할 수 있을 텐데, 예전에 샀던 기업들이 여전히 저평가되어 거래되고 있을 가능성은 크지 않습니다. 그래서 결국 다른 기업을 찾아 투자하게 되고, 시간이 지날수록 포트폴리오의 종목 수도 자연스럽게 늘어나게 됩니다.

반면 워런 버핏은 투자에 필요한 자금을 이미 넉넉히 확보하고 있습니다. 그래서 훌륭한 기업을 매력적인 가격에 발견했을 때, 주저 없이 큰 금액을 한 번에 투입할 수 있죠. 다시 말해, 버핏은 자금을 여러 차례에 나눠서 투자할 필요가 없는 겁니다. 이런 점에서 그의 분산투자 원칙을 그대로 따라 하는 건 개인투자자에게 적절하지 않을 수 있습니다. 버핏의 투자 환경은 대부분의 개인투자자와는 근본적으로 다르기 때문입니다.

종목 수에 절대적인 정답은 없지만, 분산과 집중 사이에서 균형을 잘 잡을 수 있는 범위는 분명히 존재합니다. 내 기준으로는 5~15개가 적절하다고 생각합니다. 최소 5개 종목 정도가, 특정 산업이나 기업에 리스크가 과도하게 집중되지 않는다는 점에서 심리적으로도 안정감을 줍니다. 반대로 15개 정도를 넘기기 시작하면, 이제는 분산이 어느 정도 이루어졌다고 보고, 새로운 종목을 추가하기보다는 선별적으로 자금을 운용하는 편이 더 나은 선택일 수 있습니다. 아무 종목에나 나눠 담기보다는, 정말 매력적인 기회에 더 집중하는 것이 장기적으로 더 좋은 성과를 안겨줄 가능성이 큽니다.

또 한 가지 기억해 둘 점은, 포트폴리오 내에서 단일 종목이 차지하는 비중이 20%를 넘지 않도록 관리하는 것이 좋다는 것입니다. 특정 종목에 비중이 지나치게 쏠리면, 그 한 주식의 성과에 전체 자산이 과도하게 영향을 받게 됩니다. 개인적으로는 최대 20% 정도까지는 괜찮다고 판단합니다.

나는 어떤 기업이 내재가치보다 충분히 저평가되어 있다고 판단되면 자신 있게 투자할 수 있고, 종목 선정에 대해서도 나름의 확신이 있기 때문에, 그 이상으로 분산할 필요는 느끼지 않습니다.

하지만 이 기준이 모든 사람에게 똑같이 적용되는 것은 아닙니다. 만약 이제 막 투자를 시작하는 단계라면, 초기에는 소액을 여러 종목에 나눠 투자하는 편이 훨씬 낫습니다. 이렇게 하면 한 종목에 대한 부담이 줄고, 실수했을 때 입는 손실도 제한될 수 있습니다. 누구나 처음에는 시행착오를 겪기 마련이고 감정에 따라 판단이 흔들릴 수도 있으니, 좀 더 신중하게 출발하는 것이 현명합니다.

물론 이것은 어디까지나 내 개인적인 기준일 뿐입니다. 분산의 범위는 결국 본인이 시장에 대해 얼마나 편안함을 느끼느냐에 달려 있습니다. 만약 과거 투자에서 좋은 결과를 경험했고, 스스로의 분석과 판단에 자신이 있다면 굳이 종목 수를 늘릴 필요가 없습니다. 반대로 시장 변동성에 쉽게 흔들리고 포트폴리오를 자주 들여다보게 된다면, 분산을 조금 더 넓히는 것이 심리적으로는 더 안정적일 수 있습니다.

사실 투자 경험이 많지 않다면, 나보다 훨씬 더 넓게 분산하는 쪽이 적합할 수 있습니다. 만약 개별 종목을 고를 때마다 불안함을 느낀다면 자산의 대부분을 인덱스펀드에 투자하고, 일부만 별도로 개별 종목에 배분하는 것도 좋은 전략입니다.

인덱스펀드는 시장 전체를 추종하면서 장기적으로 안정적인 수익을 기대할 수 있고, 동시에 개별 종목에 대한 학습과 경험도 쌓을 수 있습니다. 이렇게 하면 실수하더라도 전체 자산에 미치는 영향은 크지 않기 때문에, 훨씬 더 안정적인 투자 여정을 만들 수 있습니다.

이 점이야말로 투자에서 가장 큰 장점 중 하나입니다. 자신의 상황과 성향에 맞춰 포트폴리오를 자유롭게 구성할 수 있다는 것이죠. 투자에 아직 확신이 없다면 더 넓게 분산해서 위험을 줄이면 됩니다. 매달 일정한 소득이 들어오는 구조라면, 워런 버핏처럼 드물게 대규모 투자를 할 필요도 없습니다.

결국 중요한 것은 '나에게 맞는 방식으로 투자하는 것'입니다. 다른 사람의 방식을 무작정 따라 하기보다는, 자신의 현실과 성향, 판단 기준에 맞는 전략을 세우는 것이야말로 가장 현명하고 지속 가능한 투자 방법입니다.

내게 맞는 분산의 균형 찾기

분산투자는 잠재적인 수익을 일부 포기하는 대가로, 위험을 줄여주는 전략입니다. 그리고 대부분의 투자자에게는, 다소 과할 정도로 분산하는 것이 오히려 더 나은 선택일 수 있습니다.

예를 들어 자신의 은퇴 자금 전부가 스스로 고른 몇 개의 종목에 달려 있다고 상상해 보십시오. 대부분의 사람은 매일 불안함을 느낄 수밖에 없을 것입니다. 이는 결코 비정상적인 반응이 아니라, 지극히 자연스러운 감정입니다.

반대로, 자산 대부분을 10~20개 종목에 나눠 담고도 큰 불안 없이 투자 결정을 이어갈 수 있는 사람이라면, 이는 드문 사례입니다. 그런 투자자들은 스스로의 판단에 확신이 있으며, 그만큼 평균 이상의 수익을 거둘 가능성도 더 큽니다.

결국, 중요한 건 자신의 투자 성향을 명확히 이해하는 일입니다. 위험을 어느 정도까지 감내할 수 있는지를 아는 것이, 건강하고 지속 가능한 투자 전략의 출발점입니다.

누구에게나 통하는 단 하나의 정답은 없습니다. 분산투자는 기대 수익을 조금 낮출 수 있지만, 많은 사람에게 훨씬 더 현실적이고 실행 가능한 전략이 될 수 있습니다. 부를 이루는 길은 여러 가지이며, 그중 나에게 맞는 길을 찾는 것이 가장 중요합니다.

만약 당신의 목표가 최대한의 분산이라면, 나는 다음과 같은 접근법을 추천합니다. 이 방법은 투자에서 안정성을 확보하면서도, 개별 종목을 고르는 재미를 유지할 수 있는 현실적이고 균형 잡힌 전략입니다.

전체 투자금 중 약 90%는 S&P 500 인덱스펀드에 투자하는 것이 좋습니다. S&P 500은 미국의 시가총액 상위 500개 기업으로 구성된 대표적인 주가지수이며, 기업 규모에 따라 비중이 자동 조정되기 때문에 자연스럽게 대형 우량주 중심의 포트폴리오가 형성됩니다. 즉, 이 펀드 하나로 이미 500개 기업에 걸쳐 분산투자하는 효과를 얻을 수 있습니다.

장기적으로 봤을 때, S&P 500에 투자하는 것은 실질적인 손실 가능성이 매우 작은 전략입니다. 미국 경제 전체가 성장하면, 이 지수에 포함된 기업들도 함께 성장하기 때문입니다. 실제로 이 전략만으로도 대부분의 투자자는 충분한 자산을 축적할 수 있습니다.

많은 사람이 뮤추얼펀드에 투자하고 있지만, 실제로는 S&P 500 인덱스펀드가 훨씬 더 나은 선택일 수 있습니다. 겉보기에는 두 상품이 비슷해 보일 수 있지만, 가장 큰 차이는 운용 방식에 있습니다.

인덱스펀드는 특정 시장 지수를 그대로 추종하도록 설계된 상품입니다. 별도의 운용자가 종목을 고르거나 매매하지 않고, 단순히 지수 구성에 따라 자동으로 포트폴리오가 조정됩니다. 반면, 뮤추얼펀드는 운용 전문가가 종목을 선별하고, 투자 비중을 조절하며 적극적으로 매매하는 능동적 방식으로 운영됩니다.

직관적으로 보면 전문가가 직접 운용하는 뮤추얼펀드가 더 높은 수익을 낼 것처럼 보일 수 있습니다. 하지만 현실은 다릅니다. 대부분의 뮤추얼펀드가 장기적으로 시장 평균 수익률을 뛰어넘지 못합니다.[2]

그 이유 중 하나는, 많은 뮤추얼펀드가 고객 자금을 되도록 '안전하게' 운용하기 위해 과도하게 분산한다는 것입니다. 그 결과, 수익률이 희석되어 S&P 500 지수보다 낮은 성과를 내는 경우가 대부분입니다.

게다가 뮤추얼펀드는 수수료도 더 높습니다. 대부분의 뮤추얼펀드는 운용보수라는 명목으로 매년 일정 비율의 비용을 부과합니다. 예를 들어 운용보수가 1%인 펀드에 10만 달러를 투자하면 매년 1,000달러가 수수료로 빠져나가게 됩니다.

---

[2] 많은 펀드들이 장기적으로 S&P 500보다 다소 낮은 수익률을 기록합니다.

평균적으로 뮤추얼펀드의 운용보수는 약 0.7% 수준입니다. 언뜻 보기에는 크지 않아 보일 수 있지만, 인덱스펀드와 비교하면 꽤 큰 차이입니다. 대표적인 인덱스펀드로, 뱅가드(Vanguard)의 S&P 500 ETF인 VOO는 운용보수가 단 0.03%에 불과합니다. 수수료가 이처럼 낮기 때문에, 장기적으로는 수익률에 상당한 차이를 만들어냅니다.

예를 들어, S&P 500 인덱스펀드에 10만 달러를 투자해 연평균 10%의 수익을 거둔다고 가정해 봅시다. 이때 0.03%의 수수료를 제하면 실질 수익률은 약 9.97%이며, 이를 50년 동안 유지하면 자산은 약 1,150만 달러로 불어납니다. 반면, 동일한 수익률을 기대하는 뮤추얼펀드에 투자하더라도 수수료가 0.7%라면 실질 수익률은 약 9.3%에 불과하고, 50년 후 자산은 약 850만 달러 수준에 머물게 됩니다.[3]

두 경우의 자산 차이는 약 300만 달러, 즉 30%에 달합니다.[4] 이처럼 매년 아주 작은 수수료 차이도 시간이 지남에 따라 어마어마한 자산 격차를 만들어냅니다. 그렇기에 장기 투자에서는 운용보수가 낮고 시장 평균 수익률을 안정적으로 추종하는 인덱스펀드가 뮤추얼펀드보다 훨씬 유리한 선택이 될 수 있습니다.

아마 대부분의 사람들처럼 여러분도 직장을 다니며 정기적으로 월급을 받고 있을 것입니다. 이런 경우, 투자 자금을 한 번에 모두 투입하기보다는, 월급을 받을 때마다 일정 금액을 나눠서 투자하게 됩니다. 만약 인덱스펀드에 투자할 계획이라면, 매달 정해진 금액을 꾸준히 투자하는 적립식 투자 방식을 활용하는 것이 좋습니다. 쉽게 말해, 급여일마다 일정 금액을 자동으로 인덱스펀드에 투자하는 방식입니다.

많은 재무 전문가들은 매달 같은 금액을 정기적으로 투자하라고 조언하지만, 나는 상황에 따라 투자 금액을 유연하게 조절하는 방법을 추천합니다. 예를 들어 시장이 과열돼 많이 올랐을 때는 투자 금액을 줄이고, 시장이 하락해 저렴한 가격에 매수할 기회가 생겼을 때는 오히려 투자 금액을 늘리는 방식입니다. 이렇게 하면 장기적으로 평균 매입단가를 낮출 수 있어, 단순히 같은 금액을 계속 투자하는 것보다 더 좋은 수익을 기대할 수 있습

---

3   두 수의 백분율 차이를 구하려면, 두 수의 차이의 절댓값을 먼저 구한 뒤, 이를 두 수의 평균으로 나눠 계산하면 됩니다.
4   이 계산은 오직 운용보수만을 반영한 것이며, 실제로 뮤추얼펀드에는 이 외에도 다양한 비용이 발생합니다. 예를 들어, 펀드가 주식을 사고팔 때마다 거래 수수료가 들고, 일부 펀드는 '로드(load)'라고 불리는 판매 수수료까지 부과합니다. 나는 개인적으로 로드 수수료가 붙는 펀드에는 절대 투자하지 않습니다.
참고로 이 계산에는 물가상승률이나 세금은 포함되지 않았으며, 많은 뮤추얼펀드의 수익률이 인덱스펀드보다 낮다는 점 역시 반영되어 있지 않습니다. 다시 말해, 현실에서는 수익률 격차가 더 벌어질 가능성이 크다는 뜻입니다. 뮤추얼펀드는 구조적으로 수수료가 높고, 운용 성과 역시 기대에 미치지 못하는 경우가 많습니다.
따라서 돈을 분산해 투자하고자 한다면, 저비용 인덱스펀드를 활용하는 것이 훨씬 더 나은 전략이 될 수 있습니다. 특히 장기적인 자산 형성을 목표로 한다면, 수수료와 성과의 차이가 누적되며 결과에 상당한 영향을 미치기 때문입니다.

니다.[5]

일반적으로 재무 전문가들은 세전 소득의 10~15%를 투자하는 것이 바람직하다고 조언합니다. 물론 이는 어디까지나 평균적인 기준일 뿐이며 실제로는 나이, 은퇴 계획, 현재 자산 규모 등에 따라 달라질 수 있습니다. 중요한 것은 자신의 재정 상황에 맞는 적정 투자 금액을 정해, 이를 꾸준히 실천하는 습관을 기르는 것입니다.

다시 강조하자면, 분산 효과를 충분히 누리면서도 직접 종목을 고르고 싶다면, 전체 투자금의 90%는 S&P 500 인덱스펀드에 투자하고, 나머지 10%만 개별 종목에 투자하는 전략이 가장 현실적이고 효과적인 방법이 될 수 있습니다.

남은 10% 자금은 개별 종목에 투자할 수 있습니다. 이 정도 비중으로 소규모 주식 포트폴리오를 구성하면, 직접투자를 해보는 경험을 쌓는 동시에 장기적으로 더 높은 수익을 기대해 볼 수 있습니다. 전체 자산의 대부분이 안정적인 인덱스펀드에 들어 있기 때문에, 자산 전체가 큰 위험에 노출될 가능성은 작습니다.

물론 인덱스펀드와 개별 주식 간의 투자 비율은 본인의 성향과 투자 경험에 따라 조절할 수 있습니다. 중요한 것은 자신의 투

---

5 매입단가란 자신이 산 주식들의 가격 평균값을 의미합니다.

자 성향에 맞는 균형을 찾는 것입니다. 다만 인덱스펀드에 90%, 개별 주식에 10%를 배분하는 방식은, 심리적인 부담은 적으면서도 직접투자에 대한 학습 효과와 성과 가능성을 함께 노릴 수 있는, 비교적 안정적인 구조라고 할 수 있습니다.

분산투자에 대해 마지막으로 꼭 기억해야 할 점이 하나 있습니다. 얼마 전 데이브 램지(Dave Ramsey)의 팟캐스트를 들었습니다. 방송에서 그는 '은퇴 후 자산 규모에 가장 큰 영향을 미치는 요인이 무엇인가'에 관한 연구 결과를 소개했습니다. 나는 방송을 듣기 전까지만 해도, 수익률이나 수수료처럼 투자 상품의 성과가 가장 핵심적인 요인일 것으로 생각했습니다. 장기적으로 보면 수익률의 작은 차이도 자산에 큰 영향을 주기 때문입니다.

그런데 실제 결과는 전혀 달랐습니다. 은퇴 자산의 규모를 결정짓는 가장 중요한 요인은 '얼마나 많이 투자했는가'였던 겁니다. 당연한 소리 아닌가 하겠지만, 사실 많은 사람들이 이 점을 간과하고 있습니다. 결국 오늘 더 많이 투자한 사람이, 미래에 더 많은 자산을 가질 가능성도 크다는 단순한 원리입니다.

우리는 종종 '어디에 투자해야 할까'를 고민하느라 시간을 많이 씁니다. 물론 좋은 투자처를 찾는 일은 중요합니다. 그러나 아무리 훌륭한 기회를 발견해도, 거기에 충분한 금액을 투자하지 않으면 기대만큼의 수익은 얻기 어렵습니다. 인덱스펀드도 마찬가지입니다. 수익의 크기는 결국 투자 규모에 비례합니다.

가능한 한 빨리, 가능한 한 많이 투자하는 것. 이 단순한 원칙이 결국 장기적인 부를 만드는 가장 확실한 방법입니다. 너무나 기본적인 이야기지만, 그렇기에 더 많은 사람들이 이 원리를 명확히 인식하고 실천할 필요가 있습니다.

제5장 서약서

결국 포트폴리오를 얼마나 분산할지는 본인이 감당할 수 있는 위험 수준과 투자에 대한 확신에 따라 달라집니다. 인덱스펀드로 넓게 분산할지, 아니면 스스로 분석해 선택한 소수의 우량 종목에 집중할지는 각자의 성향과 재무 상황에 따라 달라질 수 있습니다. 중요한 건 어떤 선택이든, 스스로 편안하게 느낄 수 있는 방식이어야 한다는 점입니다. 불안한 마음으로 투자하면 냉정한 판단이 어려워지고, 결국 성과에도 부정적인 영향을 미칠 수 있기 때문입니다.

나, _____은/는 포트폴리오 분산에 대해 다음과 같이 동의합니다.

- 나는 주식투자로 인한 스트레스를 스스로 감당할 수 있을 만큼은 분산해야 한다는 점에 동의합니다. 만약 시장의 변동성이 불안하게 느껴진다면, 좀 더 넓은 분산이나 인덱스펀드 중심의 투자가 더 적절한 선택일 수 있습니다. 반대로 소수 종목에 집중하더라도 심리적으로 편안함을 유지할 수 있다면, 자신 있는 종목에 더 많은 비중을 두는 것도 충분히 괜찮은 전략입니다.
- 나는 분산투자에 대해 타인의 시선이나 일반적인 기준이 아닌, 나만의 원칙과 투자 성향에 따라 결정할 것입니다. 분산을 줄이면 수익률이 높아질 수 있다는 점은 알고 있지만, 내가 감당할 수 있다는 확신이 생기기 전까지는 특정 종목에 과도하게 자금을 집중하지 않겠습니다.

제6장
감정이 수익률을 망치는 이유

투자에서 가장 경계해야 할 것은 바로 자신의 감정입니다. 머리로는 올바른 선택이 무엇인지 알고 있으면서도, 감정에 휘둘려 그 판단을 실천하지 못하는 일이 흔합니다. 이 장에서는 장기 투자자조차 감정의 영향을 받아 잘못된 결정을 내리게 되는 이유를 살펴보겠습니다. 시장에 과도하게 반응하지 않는 태도가 어떻게 감정적 판단을 줄이고 더 나은 투자 성과로 이어지는지에 대해서도 함께 알아보겠습니다.

이 장에서는 다음과 같은 주제를 다룹니다.

- 닻내림 효과(anchor pricing): 실제로는 저평가되지 않은 주식이 왜 저렴해 보일까?
- '몬테카를로 오류(Monte Carlo Fallacy)'를 왜 절대 간과해서는 안 되나?
- 남들과 비교하며 투자하는 것이 왜 늘 좋은 전략이 아닌가?
- 감정적인 판단을 줄이는 데 도움이 되는 한 가지 실용적인 방법

> "투자자에게 가장 중요한 자질은 지능이 아니라 기질(temperament)이다."
>
> - 워런 버핏

주식투자에서 감정은 가장 큰 적이 될 수 있습니다. 감정은 때때로 우리의 판단력을 흐려, 이성적인 결정을 방해합니다. 하지만 자신의 감정이 투자 판단에 어떤 영향을 미치는지 정확히 이해하고 인식할 수 있다면, 감정에 휘둘려 잘못된 결정을 내리려는 순간에도 자기 자신을 스스로 제어할 수 있습니다.

닻내림 효과

닻내림 효과는 강력한 마케팅 기법 중 하나로, 소비자이자 투자자인 우리는 어느 순간엔가 이 전략의 영향을 받았을 가능성이 큽니다. 이름에서 짐작할 수 있듯, 이 전략은 먼저 '닻(anchor)'을 설정하는 것에서 출발합니다. 마케팅에서 말하는 닻이란, 기업이 의도적으로 진열하는 고가의 제품을 의미합니다. 이 고가 제품은 옆에 놓인 다른 제품들을 상대적으로 더 저렴하게 보이도록 만드는 역할을 하죠.

예를 들어 베스트 바이 같은 전자제품 매장에서 TV를 구경한다고 가정해 봅시다. 매장에는 수천 달러에 이르는 고급형 TV부터 몇백 달러짜리 보급형 TV까지 다양한 모델이 진열돼 있습니다. 그런데 대부분의 고객은 그 고급형 TV를 실제로 구매하지는 않습니다. 그렇다면 매장은 왜 그런 고가의 제품을 일부러 눈에 띄게 진열해 놓는 걸까요?

약 500달러 정도 하는 TV를 사려고 한다고 가정해 봅시다. 전자제품 매장에 들어갔더니, 진열된 TV의 가격이 400달러 또는 600달러입니다. 당신은 자연스럽게 이 두 제품을 비교하게 되고, 품질 차이가 거의 없다는 것을 확인한 뒤, 더 저렴한 400달러짜리 TV를 선택합니다.

이번에는 같은 매장에 400달러, 600달러, 1,200달러짜리 TV가 모두 진열돼 있다고 해보겠습니다. 여전히 600달러짜리와 1,200달러짜리 TV 사이의 품질 차이는 크지 않습니다. 하지만 1,200달러짜리 고가 모델이 옆에 있다는 사실만으로, 600달러짜리 TV가 훨씬 더 합리적인 가격처럼 느껴집니다. 이렇게 1,200달러짜리 TV는 판단 기준이 되는 '닻' 역할을 하며, 소비자의 인식을 바꿉니다. 600달러짜리 TV가 본질적으로 더 좋은 제품인 건 아니지만, 상대적으로 싸 보이기 때문에 더 매력적으로 느껴지는 것이죠.

하지만 옆에 1,200달러짜리 TV가 있다는 이유만으로, 600달러짜리 TV가 실제로 더 나은 선택인 것은 아닙니다.

주식 시장에서도 이와 같은 닻내림 효과 때문에 투자자들이 잘못된 판단을 내리는 경우가 많습니다. 주가가 크게 하락하면, 많은 투자자들이 그 주식이 '싸졌다'고 생각합니다. 그런데 그 판단의 근거를 자세히 들여다보면, 그저 과거보다 가격이 많이 떨어졌다는 게 그 근거의 전부입니다.

즉, 과거의 높은 주가가 머릿속에 '닻'처럼 자리 잡은 상태에서, 현재 주가가 상대적으로 저렴하게 느껴지는 것이죠. 하지만 단지 가격이 하락했다는 사실만으로 그 주식이 저평가된 것은 아닙니다.

이 원리는 소비에서도 마찬가지입니다. 앞에서 사례를 든 것처럼 1,200달러짜리 TV가 옆에 있기 때문에 600달러짜리 TV가 더 저렴하고 합리적으로 느껴질 수 있습니다. 반대로 1,200달러짜리 제품이 없었다면, 600달러짜리 TV가 특별히 싸 보이지 않았을 겁니다. 결국 가격이 아니라 비교 대상이 판단을 바꾸는 겁니다.

마트에서 바나나를 1파운드당 40센트에 판매하고 있을 때는 그냥 저렴하다고 생각할 수 있습니다. 그런데 같은 가격이라도 '정가 80센트에서 50% 할인'이라는 문구가 붙으면 왠지 더 좋은 기회처럼 느껴집니다. 이때 80센트라는 정가가 '닻'이 되어, 40센트라는 가격을 훨씬 더 매력적으로 보이게 만들죠. 하지만 소비자는 결과적으로 같은 바나나를 같은 가격에 사는 것입니다.

주식도 마찬가지입니다. 어떤 종목의 주가가 하락했다고 해서 곧바로 매수 기회라고 단정할 수는 없습니다. 가격이 떨어졌다는 사실만으로 그 주식이 다시 오를 거라는 보장은 없기 때문입니다. 투자에서 정말 중요한 것은, 그 기업이 앞으로 얼마만큼의 현금흐름이나 이익을 창출할 수 있는가, 그리고 현재 주가(또는 시가총액)가 그 기대 가치에 비해 얼마나 합리적인 수준인가입니다.

예를 들어 과거에 200달러까지 올랐던 주식이 지금 100달러에 거래된다고 해도, 그 자체로 매력적인 투자처가 되는 것은 아닙니다. 반대로 같은 종목이 과거에는 50달러였고 지금은 100달러로 올라 현재 시점에서 100달러를 지불하고 동일한 자산을 매수한다고 해서 본질적으로 달라질 게 없습니다. 두 경우 모두 투자자는 같은 미래 현금흐름을 기대하며, 같은 가격을 부담하게 됩니다.

결국 투자 판단에서 과거 주가는 본질적으로 큰 의미가 없습니다. 핵심은 오직 하나, 지금의 주가가 그 기업의 미래 가치에 비해 충분히 낮은가 하는 점입니다. 과거의 가격에 집착하거나 기대를 걸고 투자 결정을 내리는 것은 결코 합리적인 접근이 아닙니다.

[그림 6-1] 차트에서 화살표가 가리키는 지점을 보면 주가가 많이 떨어져 있기 때문에 이 종목이 '싸 보일' 수 있습니다. 그래서 기술적 분석에 의존하는 투자자들은 이를 매수 신호로 받아들일 수도 있습니다. 하지만 이런 판단은 기업의 실질적인 가치

[그림 6-1] 차트에서 주가가 하락했다

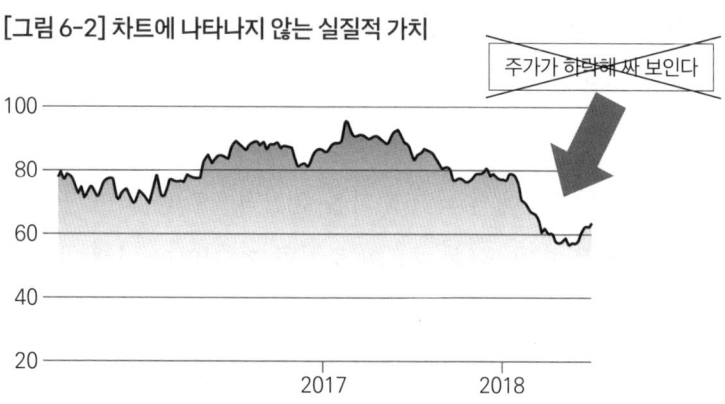

[그림 6-2] 차트에 나타나지 않는 실질적 가치

와는 무관할 수 있습니다.

[그림 6-2]에서 당시 주가는 낮아 보이지만, 실질적인 기업 가치와 비교하면 결코 싸다고 보기 어려웠습니다. 그런 이유로 이후 수년에 걸쳐 주가는 큰 하락을 겪게 됩니다.

몬테카를로 오류

1913년 8월 18일, 몬테카를로 카지노에서 많은 도박꾼들이 룰렛 게임에 몰입하고 있었습니다. 그날 공은 7번 연속 검은색에 멈췄고, 일부 도박꾼들은 "이제는 빨간색이 나올 차례"라며 빨간색에 큰돈을 걸기 시작했습니다. 그러나 공은 또다시 검은색에 멈췄습니다. 이들은 이제는 정말 빨간색이 나올 수밖에 없다고 확신하며 더 많은 돈을 걸었지만, 결과는 계속 같았습니다. 그날 밤, 룰렛 공은 무려 26번 연속으로 검은색에 멈췄고, 수많은 도박꾼들이 큰 손실을 입었습니다.

이 사건은 오늘날 '몬테카를로 오류' 또는 '도박사의 오류'의 대표적 사례로 남아 있습니다. 과거의 결과가 미래의 확률에 영향을 미친다고 믿는 이 잘못된 생각은 단순히 도박장만의 이야기가 아닙니다. 투자 세계에서도 마찬가지입니다. 과거의 주가 흐름만으로 앞으로의 방향을 예측하려는 태도 역시 같은 오류이며, 투자자에게 치명적인 착각이 될 수 있습니다.

몬테카를로 오류란 확률적 사건에서 과거의 결과가 미래의 결과에 영향을 미친다고 믿는 잘못된 사고방식을 말합니다. 예를 들어, 룰렛 공이 7번 연속 검은색에 멈췄다고 해서 다음에는 빨간색이 나올 확률이 더 높아지는 것은 아닙니다.

룰렛이나 동전 던지기처럼 각 결과가 독립적인 확률 사건에서는, 매번 동일한 확률로 결과가 결정됩니다. 동전의 경우 앞면과 뒷면이 나올 확률은 각각 50%이며, 이는 앞면이 연속 20번 나왔더라도 달라지지 않습니다. 과거에 어떤 결과가 나왔는지는 앞으로 나올 결과에 아무런 영향을 주지 않습니다.

이런 오류는 금융시장, 특히 기술적 분석을 기반으로 한 매매 전략에서 자주 나타납니다. 예를 들어 '해머 캔들(hammer candle)'

패턴은 주가 하락 이후 반등의 신호로 해석되곤 합니다. 하지만 과거에 이 패턴이 등장한 뒤 주가가 상승했던 사례가 있다고 해서, 똑같은 패턴이 다시 나타났을 때도 같은 결과를 기대하는 것은 통계적으로 설득력이 부족합니다.[1] 단지 과거에 어떤 결과가 반복됐다고 해서, 미래에도 동일한 결과가 나올 것이라고 단정 짓는 것은 매우 위험한 접근입니다.

데이 트레이딩은 많은 사람들에게 흥미와 기대감을 불러일으킵니다. 몇 가지 규칙과 공식만 익히면 쉽게 수익을 낼 수 있을 것처럼 보이기 때문입니다. 하지만 중요한 사실은, 데이 트레이딩은 통계적으로 개인투자자에게 불리한 구조라는 점입니다. 과거의 차트 패턴만으로는 미래의 주가 흐름을 정확히 예측할 수 없기 때문에, 단기 매매를 통해 일관된 수익을 내는 것은 매우 어렵습니다.

주가는 본질적으로 수요와 공급의 균형에 따라 결정됩니다. 매수자가 많아지면 주가는 오르고, 매도자가 많아지면 하락합니

---

[1] 데이 트레이더(day trader)들은 주로 주가 차트를 분석합니다. 차트에서 특정한 패턴을 찾아내고, 그 패턴이 다시 반복될 것이라고 판단되면 매수하거나 매도에 나섭니다. 이런 방식의 분석을 '기술적 분석'이라고 하며, 주로 '캔들 차트'를 활용합니다.
캔들 차트는 일반적인 선형 차트보다 더 많은 정보를 담고 있어서 시가, 종가, 고가, 저가 등 하루 동안의 가격 움직임을 한눈에 보여줍니다. 데이 트레이딩은 하루 안에 모든 매매를 마치는 초단기 투자 전략입니다. 기업의 장기적인 가치보다는, 단기적인 가격 변동성에서 소폭의 수익을 반복적으로 실현하는 것을 목표로 합니다.

다. 기술적 분석에서 사용하는 캔들 차트는 주가의 흐름을 시각적으로 보여주긴 하지만, 그것만으로 시장 참여자들이 어떤 행동을 할지까지는 알 수 없습니다. 특정 패턴이 차트에 나타났다고 해서, 시장 참가자들이 그에 따라 매수하거나 매도할 것이라는 보장은 없습니다.

투자할 때는 '몬테카를로 오류'를 경계해야 합니다. 많은 강의나 투자 서적에서 특정 가격 패턴을 강조하면서, 그 패턴이 반복적으로 수익을 안겨준 사례들을 제시합니다.[2] 하지만 이는 과거 데이터를 바탕으로 유리한 사례만 선택한 것일 수 있으며, 실제로 미래에도 같은 결과가 반복된다는 보장은 없습니다. 단편적인 패턴에 의존하는 투자 전략은 결국 근거 없는 희망에 불과할 수 있습니다.

---

[2] 패턴은 실제로 수없이 자주 나타납니다. 그 이유는 주식 시장에 상장된 종목 수가 매우 많고, 하루 동안 거래되는 시간도 길며, 거래일 자체도 많기 때문입니다. 이처럼 기회가 많다 보니, 동일하거나 유사한 패턴이 반복되는 모습을 찾는 것은 그리 어렵지 않습니다. 뉴욕증권거래소에 상장된 모든 종목마다 룰렛 테이블이 하나씩 있다고 가정해 봅시다. 그리고 주식 시장이 열려 있는 390분 동안 각 테이블마다, 매분마다 공을 한 번씩 던져 결과를 기록한다고 생각해 보세요. 그러면 '빨강, 빨강, 검정, 빨강' 같은 결과가 여러 테이블에서 자연스럽게 반복되는 것을 쉽게 확인할 수 있을 것입니다. 이는 단지 시도 횟수가 많기 때문에 가능한 일입니다.
주식 시장도 마찬가지입니다. 종목 수가 많고, 거래가 이루어지는 시간과 횟수가 매우 많기 때문에 비슷한 가격 패턴이 여러 번 나타나는 것은 자연스러운 현상입니다. 하지만 '빨강, 빨강, 검정'이라는 패턴을 보았다고 해서 다음에도 빨강이 나올 확률이 더 높다고 믿는 것은 착각입니다. 확률은 여전히 50 대 50입니다.

누군가 기술적 차트 패턴에 의존해 매매 결정을 내리고 있다면, 1913년 8월 18일 몬테카를로 카지노에서 도박사의 오류에 빠졌던 사람들을 떠올려 보시기 바랍니다. 데이 트레이딩의 짜릿한 유혹에 빠지면 이성적인 판단이 흐려지기 쉽습니다. 데이 트레이딩으로 수십만 달러를 잃었다는 이메일을 나도 여러 차례 받아보았습니다. 당신은 그런 경험을 하지 않기를 진심으로 바랍니다.

몬테카를로 오류에 대한 이 짧은 이야기는 당장 투자 판단에 직접적인 영향을 주지 않을 수 있습니다. 하지만 주식 시장에 관심을 갖는 많은 개인투자자들이 한 번쯤은 높은 수익률의 유혹에 이끌려 데이 트레이딩에 손을 대곤 합니다. 이 이야기가 당신에게 경고의 메시지로 남기를 바랍니다.

결국 어떤 길을 선택할지는 본인의 몫입니다. 다만 나는 오랜 시간 검증된 원칙을 따르고, 감정이 아닌 이성에 기반한 투자 방식을 고수하는 것이 더 나은 결과로 이어질 가능성이 크다고 믿습니다.

존스 가족 따라잡기

1913년, 아서 모맨드(Arthur Momand)는 '존스 가족 따라잡기(Keeping Up with the Joneses)'라는 만화 시리즈를 통해 사회적 비교와 과시 소비 심리를 풍자했습니다. 만화 속 맥기니스 가족은 이웃인 존스 가족과 사회적 지위를 맞추기 위해 끊임없이 소비하고 애쓰지만, 늘 뒤처지기만 합니다.

이 만화는 20세기 미국에서 '존스 가족 따라잡기'라는 표현을 대중화하는 데 큰 역할을 했습니다. 이 표현은 주변 사람들이 가진 것을 보면, 나도 그걸 갖고 싶어지는 심리를 뜻합니다. 이웃이 새 차를 사면 나도 왠지 새 차를 사고 싶어지는 식이죠.

20세기 동안 많은 사람들이 이런 식의 비교와 경쟁에 휘말렸고, 결국 그중 상당수는 힘든 삶을 살게 됐습니다. 소득 수준을 넘는 소비를 하다가 과도한 빚을 지게 되고, 남들보다 못하다는 생각에 스트레스를 받았기 때문입니다.

투자에서도 맥기니스 가족처럼 행동해선 안 됩니다. 맥기니스 가족은 늘 존스 가족이 가진 것을 따라 사려고 했습니다. 마찬가지로 워런 버핏이든 유튜브 속 투자 전문가든, 누군가가 어떤 주식을 샀다고 해서 무턱대고 똑같은 종목을 사서는 안 됩니다.

워런 버핏이나 뮤추얼펀드 매니저처럼 대규모 자산을 운용하는 투자자들은, 소액 개인투자자와는 전혀 다른 제약과 환경 속에서 움직입니다. 예를 들어 버크셔 해서웨이(Class B)의 시가총액은 4,000억 달러가 넘습니다(2025년 8월 25일 기준 6,741억 달러가 넘습니다). 이렇게 막대한 자금을 운용하는 기업은 현금을 투입할 수 있는 대상 자체가 제한적이기 때문에, 포트폴리오를 넓게 분산하지 않을 수 없습니다.

이런 구조에서는 이미 가장 뛰어난 기업들을 포트폴리오에 담은 뒤, 그보다 수준이 떨어지는 기업들에 추가로 투자해야 할 상황이 자주 발생합니다. 다시 말해, 그들이 새롭게 편입하는 종목들은 과거에 처음으로 선택한 핵심 기업들만큼 매력적이지 않을 가능성이 큽니다.

따라서 단순히 워런 버핏이나 다른 대형 투자자가 최신 매수한 종목만을 따라 매수한다면, 진짜로 탁월한 기업이 아니라 그들이 '차선의 선택'으로 고른 종목에 투자하게 될 수 있습니다.

인터넷에 나오는 소액 투자자들이나 유튜브 투자 전문가들의 의견을 무조건 따라 하는 것도 현명한 전략은 아닙니다. 그들이 실제로 좋은 성과를 내고 있다 하더라도, 그 조언은 근본적으로 편향되어 있을 수 있기 때문입니다.

대부분의 콘텐츠 제작자들은 광고 수익이나 후원을 위해 높은 조회수를 필요로 하고, 그 과정에서 주목을 끌 수 있는 '매수 추천 콘텐츠'에 집중하게 됩니다.

예를 들어 "지금 당장 사야 할 10가지 종목" 같은 제목의 영상이나 글이 흔히 보이지만, 정작 그 안에 정말로 가치 있는 종목은 한두 개에 불과한 경우가 많습니다. 때로는 전혀 투자할 만하지 않은 종목이 포함되기도 하죠. 게다가 그들이 추천한 종목은 대부분 결국 시장 수익률을 넘어서지 못합니다.

중요한 사실은 이것입니다. 당신의 목표는 시장을 단순히 따라가는 것이 아니라, 시장 수익률을 초과하는 것입니다. 그러기 위해서는 다른 사람의 포트폴리오를 그대로 따라 하기보다는, 스스로 납득할 수 있는 원칙과 기준을 바탕으로 투자 결정을 내려야 합니다.

성공 투자의 본질은 남을 흉내 내는 데 있는 것이 아니라, 자신만의 판단력을 키우고 그것을 일관되게 실천하는 데 있습니다.

누군가의 콘텐츠를 소비하는 것이 잘못된 일은 아닙니다. 오히려 그런 콘텐츠는 당신이 미처 인식하지 못했던 투자 기회를 발견하거나, 특정 산업의 최신 동향을 이해하는 데 큰 도움이 될 수 있습니다. 탁월한 기업을 매력적인 가격에 찾아낼 수도 있고, 다양한 투자 접근법에 대한 인사이트를 얻을 수도 있습니다.

다만, 단지 누군가가 어떤 종목을 샀다는 이유만으로 그대로 따라 매수하는 것은 바람직하지 않습니다. 그것은 마치 맥기니스 가족이 존스 가족이 하는 모든 소비를 그대로 모방했던 것과 다를 바 없습니다. 진짜 투자자는 스스로 조사하고, 스스로 판단해야 합니다.

그 과정을 거치는 것만으로도 이미 대부분의 투자자들보다 한 걸음 앞선 위치에 서게 됩니다. 결국 중요한 건 남의 선택이 아니라 나의 판단입니다. 당신의 소중한 자산을 타인의 결정에 맡겨서는 안 됩니다.

너무 일찍 팔지 않는 법

주식 시장에 장기적으로 투자하다 보면, 보유 종목의 주가가 일시적으로 하락하는 상황은 피할 수 없습니다. 아무리 탁월한 기업이라도 주가가 오르는 과정에서는 필연적으로 조정 구간을 겪기 마련입니다.

중요한 것은 이런 하락이 왔을 때, 성급하게 매도하지 않고 버틸 힘입니다. 설령 단기적으로 주가 하락이 예상된다 하더라도, 기업의 본질적인 가치에 대한 확신이 있다면 섣불리 매도해서는 안 됩니다.[3]

많은 투자자가 주가가 하락할 것 같다는 전망만 들어도 불안해지고 조급해집니다. 특히 시장이 사상 최고치를 경신하고 있을 때, '이제는 떨어질 차례'라는 생각에 매도 결정을 서두르는 경우가 많습니다. 물론 주가가 하락하기 전에 미리 매도하면 단기적으로 수익을 극대화할 수 있을지 모릅니다. 하지만 장기 투자라는 관점에서 보면, 이는 결코 바람직한 전략이 아닙니다.

너무 일찍 매도한 투자자들은 몇 달에서 1년 사이에 주가가 예상보다 빠르게 회복됐고, 결국 그 이전보다 더 높은 수준까지 올랐다는 사실을 뒤늦게 깨닫곤 합니다. 당신이 정말 '탁월한 기업'을 '매력적인 가격'에 매수했다면, 그 주식을 장기 보유하는 것만으로도 지속적인 수익을 기대할 수 있습니다. 따라서 단기 수익을 노린 조기 매도는 좋은 기업을 스스로 포기하는 셈이 될 수 있습니다.

이와 비슷하게, 일부 투자자들은 단기간에 높은 수익이 발생하면 대부분의 지분을 정리하거나 전량 매도하기도 합니다. 그러나 그 기업의 장기적인 펀더멘털이 여전히 건전한 경우, 이후에 더 큰 상승 흐름이 이어졌음을 나중에서야 알게 될 때가 많습니다. 조기에 차익을 실현하려는 마음이 오히려 장기 수익의 기회를 스스로 포기하게 만들 수 있습니다.

---

3   주식을 매도해야 할 명확한 이유에 대해서는 이후 장에서 다룰 예정입니다. 그런 이유가 없다면, 설령 주가 하락이 예상되더라도 섣불리 팔아서는 안 됩니다.

나 역시 그런 유혹을 받은 적이 있습니다. 몇 년 전, 나는 애플 주식을 주당 약 153달러에 매수했습니다. 이후 주가는 빠르게 상승했고, 1년 만에 100%가 넘는 수익률을 기록했습니다. 수익 실현의 유혹을 느꼈지만, 나는 이 기업이 내재가치 대비 충분히 매력적인 가격에 거래되고 있었고, 장기적인 성장 가능성도 여전히 유효하다는 점을 기억하고 있었습니다. 그래서 보유를 유지했습니다.

이후 애플 주가는 한 차례 큰 조정을 받았지만, 나는 끝까지 팔지 않았고 결국 주가는 회복되었습니다. 이 책을 집필하는 현재 시점 기준으로, 나의 애플 주식은 약 150%의 수익률을 기록하고 있습니다.

이 경험에서 얻을 수 있는 교훈은 분명합니다. 단기적인 수익률이 아무리 높더라도, 조기 매도는 장기 복리 수익의 기회를 스스로 차단하는 선택이 될 수 있습니다. 좋은 기업을 적정한 가격에 샀다면, 그 가치를 믿고 끝까지 함께 가는 것이 결국 가장 효과적인 전략입니다.

이런 조기 매도 성향은 대체로 초보 투자자들에게서 더 자주 나타납니다. 숙련된 투자자들도 같은 충동을 느끼지만, 그 감정을 잘 통제하는 심리적 훈련이 되어 있는 경우가 많습니다. 그러나 투자에서 가장 이상적인 상태는 애초에 조기 매도에 대한 충동 자체를 느끼지 않는 것입니다. 이런 충동은 불필요한 스트레스를 유발하고, 결국 너무 이른 매도로 이어질 수 있기 때문입니다.

주식을 너무 일찍 팔고 싶은 충동이나 투자에 대한 불안을 줄이는 데 효과적인 방법 중 하나는, 주가를 자주 확인하지 않는 것입니다. 매일같이 포트폴리오 수익률을 들여다보면, 사람은 자연스럽게 하루하루의 등락에 민감하게 반응하게 됩니다. 수익이 나면 기분이 좋아지고, 손실이 나면 불안해지죠. 변동 폭이 클수록 이런 감정의 폭도 함께 커집니다.

이처럼 감정에 휘둘리는 반응은 투자 판단을 흐리게 만들고, 특히 단기적으로 주가가 크게 오르거나 떨어질 때, 이익을 서둘러 실현하거나 손실을 두려워해 매도하게 되는 일이 많습니다. 하지만 이런 행동은 장기적인 수익률을 해칠 수 있습니다.

많은 투자자들이 주식을 조기에 파는 이유는, 자신의 포트폴리오가 요동치는 모습을 너무 자주 보기 때문입니다. 이 문제를 피하는 방법은 생각보다 간단합니다. 그냥 자주 보지 않는 것입니다. 매일같이 주가를 확인하지 않으면 불필요한 걱정도 줄고, 매도하고 싶은 충동도 자연스레 사라집니다. 어쩌면 조금 엉뚱하게 들릴 수도 있지만, 오히려 이렇게 '무심한 자세'가 장기 투자를 성공으로 이끄는 데 큰 힘이 됩니다.[4]

1년 전쯤이었습니다. 우연히 CNBC 방송을 보던 중, 애플의 한 임원이자 주요 주주가 인터뷰에 출연한 장면을 보게 됐습니다. 당시 애플 주가는 미·중 무역전쟁에 대한 우려와 고가 아이폰 판매 부진 전망이 겹치면서 큰 폭으로 하락하고 있었고, 투자자들의 불안도 상당했습니다. 그런 상황에서 기자가 물었습니다. "요즘 애플 주가가 많이 떨어졌는데, 어떻게 보고 계신가요?"

애플 임원은 이렇게 답했습니다. "나는 애플 주가를 매일 확인하지 않습니다. 단기적인 흐름보다는 애플의 장기적인 성장 가능성에 더 집중하고 있습니다." 그리고 마지막으로 덧붙였습니다. "사실 오늘 애플 주가가 얼마인지도 잘 모릅니다."

그때 애플은 극심한 주가 변동으로 언론의 주목을 받고 있던 시기였습니다. 하지만 자신의 자산 상당 부분이 애플 주식에 묶여 있음에도 그는 하루하루의 주가 움직임에 개의치 않았고, 오히려 주가를 확인조차 하지 않음으로써 감정적 판단을 피할 수 있었습니다. 그렇게 묵묵히 버틴 그는, 결국 애플 주식에서 상당한 수익을 거두게 될 것입니다.

단기적 변동에 반응하지 않고, 포트폴리오를 자주 확인하지

---

4   투자한 기업과 관련된 중요한 소식은 꾸준히 챙기는 것이 좋습니다. 불안을 줄이겠다고 해서 뉴스를 아예 끊는 건 바람직하지 않습니다. 내가 정말 드리고 싶은 말씀은, 주가를 너무 자주 들여다보는 습관만큼은 줄이자는 것입니다.

않는 것만으로도 투자에 큰 도움이 됩니다. 시장 흐름을 매일 들여다보는 대신 일정한 거리를 두면, 감정의 개입을 줄일 수 있습니다.

화초를 자주 들여다본다고 해서 화초가 더 빨리 자라는 게 아니듯, 주식을 매일 확인한다고 수익이 더 나는 것도 아닙니다.

제6장 서약서

투자에서 가장 큰 적은 바로 자기의 감정입니다. 감정을 제대로 통제하지 못하면, 결국 그 감정이 투자 판단을 지배하게 됩니다. 차트에 지나치게 집착하거나, 매일 주가를 들여다보며 다른 사람의 포트폴리오를 부러워하기 시작하는 순간부터 감정은 당신의 이성을 서서히 마비시키기 시작합니다. 건전하고 합리적인 투자 결정을 내리기 위해서는, 지금부터 소개할 원칙들에 스스로 진심으로 동의할 수 있어야 합니다.

나, _____은/는 감정에 휘둘리지 않고 이성적인 투자 결정을 내리기 위해 다음과 같이 스스로 다짐합니다.

- 나는 과거의 주가 흐름만을 근거로 앞으로의 주가를 예측하지 않겠습니다. 시장은 그렇게 단순하게 움직이지 않기 때문입니다
- 나는 다른 사람의 의견을 그대로 따라 투자하지 않겠습니다. 콘텐츠 제작자들은 종종 특정 종목을 사라고 권하면서 편향된 정보를 전달할 수 있고, 워런 버핏 같은 투자 대가조차도 지금 가장 좋은 기업에 투자하고 있다고 단정할 수 없습니다. 투자 판단은 스스로의 분석을 바탕으로 내려야 한다는 점을 잊지 않겠습니다.
- 나는 수익이나 손실을 확인하려고 포트폴리오를 계속 들여다보지 않겠습니다. 그런 행동은 불안과 스트레스를 키우고, 충동적인 결정을 유도할 수

있기 때문입니다. 나는 장기적인 관점에서, 기업의 본질 가치를 중심으로 투자할 것입니다.

제7장
시가총액과 투자 기회의 본질

많은 투자자들의 포트폴리오를 들여다보면, 의도했든 의도하지 않았든 특정 시가총액 범위의 종목에 집중되는 경향이 종종 나타납니다. 이 장에서는 대형주와 소형주의 특성을 비교하고, 각각의 장단점을 살펴본 뒤 자금을 어떤 종목군에 배분하는 것이 바람직할지 고민해 보겠습니다. 또 시가총액이 투자 판단에 어떤 영향을 미치는지, 그리고 특히 소형주에서 자주 발생하는 '패닉 셀링(공포에 의한 투매)'을 어떻게 예방할 수 있을지도 함께 살펴보려 합니다.

이번 장에서 다룰 주요 내용은 다음과 같습니다.

- 왜 소형주가 더 많은 투자 기회를 제공할 수 있나?
- 많은 투자자들이 소형주 투자에서 손실을 보는 근본적인 이유는 무엇인가?
- 대형주가 상대적으로 안정적인 투자처로 평가받는 배경은?
- 시가총액이 투자 성과를 결정짓는 절대적인 기준이 아닌 이유는?

"주식은 집을 사듯 신중하게 매수해야 합니다.
시장이 존재하지 않더라도 그 기업을 계속 보유하고
싶을 만큼 잘 알아야 하고, 확신이 있어야 합니다."

- 워런 버핏

주식투자를 배우다 보면 흥미로운 사실을 하나 깨닫게 됩니다. 사람마다 선호하는 '기업의 크기'가 뚜렷하게 나뉜다는 점입니다. 어떤 투자자는 대형주나 초대형주만을 고집하고, 반대로 소형주나 초소형주에 집중하는 이들도 있습니다.

많은 투자자가 자신도 모르게 특정 시가총액 범위의 종목에만 투자하는 경향이 있는데, 나 역시 투자 초기에는 비슷한 실수를 반복하곤 했습니다. 반면 일부 투자자들은 의도적으로 대형주와 소형주를 일정 비율로 포트폴리오에 담으며 분산 전략을 구사하기도 합니다.

이처럼 시가총액을 기준으로 한 투자 접근법은 매우 다양하며, 상반된 전략이 공존합니다. 이제부터는 시가총액이 포트폴리오 구성에 어떤 영향을 미치는지, 그리고 각 시가총액별로 어떤 특성과 장점이 있는지를 하나씩 살펴보겠습니다.

참고로, 일반적으로 사용하는 시가총액 분류 기준은 [표 7-1]과 같습니다.

[표 7-1] 시가총액 기준 주식 분류

구분	시가총액 범위
초소형주	3억 달러 미만
소형주	3~20억 달러
중형주	20~100억 달러
대형주	100~2,000억 달러
초대형주	2,000억 달러 초과

왜 대형주와 초대형주에 투자하나?

대형주와 초대형주는 확실히 소형주, 중형주, 초소형주에 비해 몇 가지 강점을 가지고 있습니다.[1]

대형 기업의 가장 큰 장점 중 하나는, 우리가 이미 그들의 제품이나 서비스를 일상에서 사용하고 있다는 점입니다. 대부분의 사람들은 이런 기업의 브랜드를 자연스럽게 접하며 살아가고 있고, 소비자로서의 경험을 통해 어떤 브랜드가 더 강하고 경쟁력이 있으며, 쉽게 무너지지 않을 기반(해자)을 갖추고 있는지 어느 정도 감을 잡을 수 있습니다.

이렇게 생활 속 경험을 바탕으로 기업의 질을 가늠해 보는 것은, 우량주를 고르는 데 매우 유효한 기준이 됩니다. 내가 자주 사용하는 브랜드이거나, 많은 사람들이 찾는 제품을 만드는 기업은 그만큼 강한 해자를 가졌을 가능성이 큽니다.

하지만 이런 논리는 소형주에는 잘 들어맞지 않습니다. 대부분의 투자자들은 소형주 기업의 제품이나 서비스를 직접 접해 본 경험이 없습니다. 생소한 브랜드일 뿐 아니라 소비자 입장에서 평가해 볼 기회조차 없기 때문에, 해당 기업의 경쟁력이나 브랜드 파워를 가늠하기가 어렵습니다.

최근 내가 살펴본 한 소형 반려동물 사료 기업의 경우도 그랬습니다. 브랜드가 독특했고 지적재산권도 보유하고 있었지만, 직접 제품을 사용해 본 경험이 없었기에 그 기업이 실제 시장에

---

1 대형주와 초대형주는 유사한 강점을 지니고 있으므로, 이 둘을 하나로 묶어 '대형주'로 통칭하겠습니다. 마찬가지로 소형주, 중형주, 초소형주는 공통된 특성이 많기 때문에, 편의상 이들을 모두 '소형주'로 부르겠습니다.

서 얼마나 경쟁력이 있는지 판단하기가 어려웠습니다. 반려동물 사료를 사본 적이 없다 보니, 소비자들이 이 브랜드를 얼마나 선호하는지 감조차 잡히지 않았고, 결국 브랜드의 힘도 해자의 강도도 명확히 파악할 수 없었습니다. 그래서 이 기업에 투자하지 않기로 결정했습니다.

이처럼 대형주는 실제 소비자 경험을 바탕으로 해자의 강도나 질을 어느 정도 파악할 수 있다는 점에서 투자 판단에 유리한 부분이 있습니다.

왜 소형주, 중형주, 초소형주에 투자하나?

소형주, 중형주, 초소형주 역시 나름의 강점을 가지고 있습니다. 특히 시장이 불안정하거나 공포심이 확산하는 상황에서는, 이들 주식이 대형주에 비해 내재가치보다 훨씬 낮은 가격에 거래되는 경우가 많습니다.

일반적으로 대형주와 초대형주는 오랜 시간 안정적으로 운영돼 온 기업들입니다. 이들은 명성이 높고, 경기 침체나 팬데믹 같은 불확실한 시기에도 이후 전망을 비교적 쉽게 예측할 수 있는 특징을 가지고 있습니다. 특히 배당주일 경우, 대형주는 수십 년간 꾸준히 배당을 지급해 온 실적이 있어서 신뢰를 얻고 있습니다.

대형주는 많은 투자자들에게 '안전한 투자처'로 인식되기 때문에, 시장 전체가 흔들릴 때도 상대적으로 변동성이 크지 않은 편입니다. 예를 들어, 경기 침체가 찾아와도 많은 투자자들은 초대형 기업이 큰 타격 없이 위기를 버텨낼 수 있다고 생각합니다. 실제로 이들 기업은 수십 년간 다양한 경제 위기를 경험하며 성장해 왔고, 탄탄한 자금력과 운영 시스템을 갖추고 있기 때문에, 장기 생존 가능성에 대한 믿음이 강합니다. 심지어 대공황급 위기가 다시 찾아오더라도, 대부분의 초대형주는 버텨낼 것이라는 확신을 가진 투자자들도 많습니다.

반면, 소형주에 대해서는 많은 투자자가 같은 수준의 신뢰를 보내지 않습니다. 소형 기업은 시장 내 입지가 약하고, 대형 기업과의 경쟁에서 점유율을 쉽게 잃을 수 있어서 미래를 예측하기 어렵습니다(물론 강력한 경제적 해자를 보유한 경우는 예외입니다. 해자가 중요한 이유도 바로 여기에 있습니다).

그렇다면 시장에 공포가 퍼지고 투자자들이 투매에 나설 때, 사람들은 어떤 주식을 먼저 팔까요?

대부분은 불안정하다고 여기는 소형주를 먼저 매도합니다. 그러므로 소형주는 대형주보다 더 큰 폭의 하락을 겪는 경우가 많고, 그만큼 더 크게 할인된 가격에 거래되곤 합니다. 바로 이 점이 소형주에 투자할 때의 핵심 기회입니다. 더 깊은 할인 폭은, 결국 더 큰 수익 가능성으로 이어질 수 있기 때문입니다.

패닉 셀링

이번에는 시가총액 이야기에서 잠시 벗어나, '패닉 셀링(panic selling)'에 대해 짚어보겠습니다. 패닉 셀링이란 주가가 하락하는 상황에서 더 큰 손실이 날까 봐 두려워 성급하게 주식을 매도하는 행동을 말합니다. 달리 말하면 공포에 의한 투매입니다. 하지만 이런 매도는 대부분 손실이 난 상태에서 이뤄지기 때문에, 투자 전략으로는 바람직하지 않습니다.

사람들이 공포에 휩싸여 주식을 매도하는 가장 큰 이유는, 자신이 보유한 종목이 어떤 기업인지 정확히 이해하지 못하기 때문입니다.

최근 내 친구 한 명이 "요즘 어떤 주식이 괜찮아 보이냐?"라고 묻더군요. 어떤 종목을 생각하고 있는지 내가 되물었더니, 친구는 이름도 처음 들어보는 기업을 이야기했습니다.

나: "그 기업은 어떤 사업을 해?"

친구: "바이오테크 기업이야."

나: "바이오테크가 정확히 뭐 하는 산업인데?"

친구: "음…. 생명체하고 기술이 관련된 뭐 그런 거야."

이 대화에서 나는 친구가 그 기업에 대해 거의 아무것도 모르고 있다는 사실을 깨달았습니다. 단지 산업 이름만 알고 있을 뿐 해당 기업이 어떤 제품을 만들고, 어떤 시장에 진입해 있으며, 경쟁력은 어디에 있는지 전혀 파악하지 못하고 있었습니다.

이처럼 자신이 무엇에 투자했는지 정확히 모르면, 시장이 흔들릴 때 불안감이 커질 수밖에 없습니다. 그리고 그 불안은 결국 비이성적인 매도로 이어집니다. 실제로 유명한 투자자인 피터 린치(Peter Lynch)는 "자신이 무엇을 보유하고 있는지 아는 것"이 투자에서 가장 중요한 요소라고 강조했습니다.

"주식투자에서 내가 가장 중요하게 생각하는 원칙은 단 하나입니다. 자신이 어떤 주식을 갖고 있는지를 정확히 아는 것이죠. 그런데 놀랍게도 많은 사람들은 자신이 왜 그 주식을 보유하고 있는지조차 설명하지 못합니다."

기업을 제대로 이해하지 못한다면 그 기업이 강력한 해자를 보유하고 있는지, 경쟁사보다 우위에 있는지, 산업 환경이 얼마나 안정적인지를 판단하는 것은 어렵습니다. 하지만 경쟁력이 뛰어나고 해자를 갖췄으며, 산업 변화 속도가 느린 기업에만 투자해도 대부분의 투자자보다 한발 앞설 수 있습니다.

  탁월한 기업에 투자하는 것도 중요하지만, 자신이 무엇에 투자하고 있는지를 명확히 아는 것이야말로 패닉 셀링을 막는 데 큰 도움이 됩니다. 사람들이 공포에 휩싸여 주식을 파는 이유는, 그 기업이 장기적으로 회복하고 성장할 것이라는 확신이 없기 때문입니다.

  성장에 대한 확신을 갖기 위해선 자신이 보유한 기업을 깊이 이해하고 제대로 아는 수밖에 없습니다. 그 기업의 제품과 서비스가 무엇이며, 왜 경쟁사보다 우위에 있는지조차 모르면서 어떻게 그 기업이 시장에서 살아남을 수 있다고 믿을 수 있겠습니까?

  기업의 성장 가능성에 대한 신념이 없다면, 주가가 하락할 때 다른 사람들을 따라 매도하게 될 가능성이 큽니다. 반면 자신이 보유한 주식의 내재가치와 사업 내용에 대한 확신이 있다면, 주가의 단기적인 등락은 별로 중요하지 않게 느껴질 것입니다. 내재가치보다 낮은 가격에 주식을 매수했다면, 장기적으로 수익을 올릴 수 있다는 사실을 알고 있기 때문입니다.

  앞서 언급했듯이, 일반적으로 소형주는 대형주보다 더 많은 기회를 제공합니다. 시장의 공포가 클수록 소형주가 더 자주, 더 크게 과매도되기에 그렇습니다. 왜 그럴까요? 많은 투자자들이 소형주가 실제로 어떤 사업을 하는지조차 잘 모르기 때문입니다. 아무리 내재가치를 계산해 보았더라도, 그 기업의 사업 내용과 경쟁우위에 대한 진지한 이해와 확신이 없다면, 시장이 요동칠 때 그 믿음은 쉽게 무너지고 맙니다.

시가총액이 투자 성과에 영향을 줄까?

앞서 대형주는 일반적으로 더 우량한 기업일 가능성이 크다고 말할 때 "일반적으로"와 "가능성이 크다"는 표현을 썼습니다. 어디까지나 그럴 가능성이 크다는 뜻일 뿐, 항상 그런 것은 아니기에 그랬습니다. 예외는 얼마든지 있습니다. 해자가 약한 대형 기업도 있고, 반대로 해자가 강한 소형 기업도 충분히 존재합니다.

소형주가 대형주보다 저평가되는 경향이 있다는 설명에도 같은 표현을 사용한 이유 또한 마찬가지입니다. 실제로 나는 시장이 불안정할 때조차 지나치게 고평가된 소형주를 본 적이 있고, 반대로 내재가치보다 낮은 가격에 거래되는 대형주도 여러 번 목격했습니다. 이처럼 지금까지 설명한 내용은 전반적인 경향을 말한 것일 뿐, 현실에서는 수많은 예외가 존재한다는 점을 꼭 기억해 두길 바랍니다.

시가총액 규모에 따라 어떤 주식이 더 나은지를 판단하기 전에, 다음과 같은 상황을 한번 상상해 보겠습니다.

A와 B라는 두 개의 기업을 발견했다고 합시다. 둘 다 강한 해자를 갖추고 있으며, 미래의 잉여현금흐름도 충분히 예측 가능한 상태입니다. 당신은 두 기업의 내재가치를 각각 계산했습니다. A 기업은 초대형 기업으로 내재가치가 4,000억 달러이고, B 기업은 소형 기업으로 내재가치가 5억 달러입니다. 그리고 현재 두 기업 모두 시장에서 정확히 그 내재가치에 맞게 거래되고 있습니다.

이 상황에서, 과연 어느 한쪽만이 더 좋은 투자일까요? 그렇지 않습니다. 두 기업 모두 경쟁력 면에서 비슷하고, 가격 또한 내재가치에 부합하기 때문에, 둘 다 똑같이 훌륭한 투자처입니다. 기대 수익률도 비슷할 것이고, 해자가 있는 기업들이기 때문에 어느 한쪽이 특별히 더 위험하다고 보기도 어렵습니다. 여기서 중요한 점은, 단순히 기업이 크다고 해서 그 기업이 벌어들이는 돈이 더 '가치 있다'고 볼 수는 없다는 것입니다. 규모가 크다고 꼭 더 좋은 투자처가 되는 것은 아닙니다.

예를 들어, 한 동네에 집 두 채가 있습니다. 한 채는 10만 달러에 매입할 수 있고, 매년 5,000달러의 임대 수익을 냅니다. 다른

한 채는 20만 달러지만, 매년 1만 달러의 수익을 냅니다. 이 경우 두 집 모두 투자 대비 수익률은 같습니다. 어느 한쪽이 더 저평가 되었다고 보기는 어렵습니다.

기업도 마찬가지입니다. 중요한 것은 기업의 크기가 아니라, 내가 지불한 가격 대비 얼마만큼의 수익을 기대할 수 있는가입니다. 결국 투자에서 핵심은, '얼마를 벌 수 있느냐'가 아니라 '그 수익을 위해 내가 얼마를 지불했느냐'입니다.[2]

결국 중요한 것은 시가총액의 크기가 아닙니다. 투자에서 정말로 신경 써야 할 것은 단 두 가지뿐입니다. 탁월한 기업을 찾고, 그 기업을 좋은 가격에 사는 것. 어떤 주식이 시가총액이 크다고 해서 더 훌륭한 것도 아니고, 작다고 해서 덜 매력적인 것도 아닙니다. 시가총액이 크든 작든, 그 규모가 앞으로 그 기업이 만들어낼 잉여현금흐름으로 정당화될 수 있다면, 그 자체로 충분히 좋은 투자 대상입니다.

소형주든 대형주든, 훌륭한 투자가 될 가능성은 충분히 있습니다. 따라서 대형주만 보거나, 반대로 소형주만 고집하는 편향된 시각은 피하는 게 좋습니다. 실제로 보면 대형주만 보유한 사

---

2   이 예시는 현실을 단순화한 사례로, 설명의 편의를 위해 모든 조건이 동일하다고 가정한 것입니다. 실제 투자에서는 다양한 변수가 작용할 수 있다는 점을 함께 고려해야 합니다.

람도 있고, 소형주만 집중적으로 파고드는 사람도 있습니다.

하지만 좋은 기회는 어느 쪽에서든 나올 수 있기 때문에, 기업의 규모를 가리지 않고 폭넓게 살펴보는 자세가 필요합니다. 그렇지 않으면 정말 괜찮은 투자 기회를 그저 스쳐 지나가게 될지도 모릅니다. 누가 탁월한 기업을, 그것도 좋은 가격에 살 기회를 놓치고 싶겠습니까?

제7장 서약서

결국 중요한 것은 단 하나입니다. 탁월한 기업이 좋은 가격에 거래되고 있다면, 시가총액이 크든 작든 그것은 훌륭한 투자처라는 사실입니다. 그럼에도 불구하고, 어떤 사람들은 특정 규모의 기업은 아예 들여다보려 하지 않습니다. 다시 말해, 스스로 좋은 기회를 외면하고 있는 셈이죠.

그래서 나는 이렇게 말하고 싶습니다. 기업의 규모에 관계없이, 그 사업을 제대로 이해할 수만 있다면 어떤 기업이든 두루 분석해 보십시오. 진짜 기회는, 우리가 예상하지 못한 더 넓은 곳에 숨어 있을지도 모릅니다.

나, _____은/는 시가총액에 대해 다음의 내용에 동의합니다.

- 나는 내가 이해할 수 있는 기업에만 투자하겠습니다.
- 투자 기회는 시가총액의 크기와 무관하게 어디에서든 존재할 수 있으며, 시가총액이 그 기업의 잠재적인 위험이나 수익성을 정확히 말해 주는 것은 아닙니다.
- 탁월한 기업이 좋은 가격에 거래되고 있다면, 시가총액과 관계없이 훌륭한 투자 기회가 될 수 있습니다.
- 더 많은 '탁월한 기업'을 발굴하기 위해, 나는 기업의 규모를 가리지 않고 다양한 기업을 폭넓게 살펴보겠습니다.

제8장
투자 전에 꼭 확인해야 할 것들

돈을 어디에, 어떻게 투자할지 아는 것도 물론 중요합니다. 하지만 그보다 먼저, 반드시 준비해 두어야 할 일들이 있습니다. 이 장에서는 주식투자를 시작하기 전에 내 돈을 어떻게 관리해야 할지를 하나씩 짚어보려 합니다.

다소 평범하고 재미없게 느껴질 수도 있는 주제지만, 이 장에서 다루는 내용은 이 책의 다른 어떤 장 못지않게 중요합니다. 오히려, 제대로 된 투자를 위해 꼭 먼저 짚고 넘어가야 할 기초라 할 수 있습니다.

이번 장에서 다룰 내용은 다음과 같습니다.

- 투자를 시작하기 전에 준비해야 할 핵심 단계들
- 투자 과정에서 겪게 되는 스트레스와 불안을 줄이는 방법
- 투자를 시작하기에 앞서 갖춰야 할 바람직한 경제적 조건
- 투자에 앞서, 왜 어떤 부채는 먼저 정리해야 할까
- 예기치 못한 상황에 대비해 비상자금을 확보해 두는 것이 왜 중요한지

"위험은, 자신이 무엇을 하고 있는지 모를 때 생긴다."

- 워런 버핏

성공적인 투자자가 되려면, 먼저 내가 주식 시장에 얼마를 투자할 수 있는지부터 판단할 수 있어야 합니다. 현재 내 경제 상황을 고려해, 어느 정도 금액이 적절한지 분명히 파악하는 것이 중요합니다.

당신을 지켜줄 안전장치

주식투자에 나서기 전에 자기 자신에게 꼭 던져야 할 질문들이 있습니다. 그 첫 번째는 다음과 같습니다.

1. 최소 3~6개월 치 생활비에 해당하는 비상자금을 갖고 있는가?

비상자금은 말 그대로 예기치 못한 상황에 대비해 따로 마련해 두는 현금입니다. 주로 실직처럼 갑작스러운 일이 생겼을 때를 대비해 준비하는 돈이며, 평소 투자나 다른 용도로 이 돈을 사용해서는 안 됩니다. 이 자금은 주된 수입이 끊겼을 때도 월세, 공과금, 식비 같은 필수 생활비를 감당할 수 있도록 도와주는 안전망입니다. 새로운 일자리를 구하거나 다른 수입원을 찾을 때까지 버틸 수 있는 '생존 자금'인 셈이죠.

재무 전문가 데이브 램지 역시 최소 3~6개월 치 생활비를 비상자금으로 확보해 둘 것을 권합니다. 특히 경기 침체기에는 새 일자리를 찾는 데 더 많은 시간이 걸릴 수 있으므로 이 자금은 더욱 중요합니다. 갑작스러운 상황에서도 기본적인 생활을 유지할 수 있도록 도와주는, 진정한 의미의 안전장치입니다.

비상자금은 절대 투자에 사용해서는 안 됩니다. 주식 시장은 본질적으로 예측이 어렵고, 단기간에 큰 폭으로 출렁일 수 있습니다. 대부분의 투자자는 바닥에서 사고, 꼭대기에서 파는 데 성공하지 못합니다. 그런 일은 실력보다는 오히려 운에 가까운 경우가 많습니다. 그렇기 때문에 단기적인 손실 가능성을 언제나 염두에 두고 있어야 하며, 여유 자금 없이 투자를 시작하면 갑작스러운 상황에서 큰 어려움을 겪을 수 있습니다.

예를 들어 실직과 같은 위기가 닥쳤을 때 비상자금이 없다면, 생활비를 마련하기 위해 손실을 감수하고 주식을 급하게 매도해야 할 수도 있습니다. 이런 상황은 단순한 투자 손실을 넘어서, 심리적으로도 큰 스트레스를 유발할 수 있습니다. 그래서 안정적인 투자의 첫걸음은, 바로 비상자금을 확보하는 일입니다. 최소 3~6개월 치 생활비에 해당하는 금액을 따로 마련해 두는 것, 이것이야말로 투자 이전에 반드시 갖춰야 할 준비입니다.

자산을 갉아먹는 빚부터 없애라

두 번째 던져야 할 질문은 다음과 같습니다.

2. 높은 이자율의 빚을 다 갚았는가?

주식에 1달러를 투자한다는 것은, 그 1달러로 빚을 갚지 않겠다는 선택이기도 합니다. 어떤 경우에는 투자보다 빚을 먼저 갚는 것이 훨씬 더 현명한 결정이 될 수 있습니다.

앞서 돈은 시간이 지날수록 불어난다고 말했습니다. 마찬가지로 빚도 시간이 지날수록 눈덩이처럼 커집니다. 갚는 데 시간이 오래 걸릴수록 채권자에게 더 많은 이자를 지불하게 되고, 그만큼 투자에 쓸 수 있는 여유 자금은 줄어듭니다. 그래서 빠르게 불어나는 고금리 빚은 무엇보다 우선적으로 정리해야 합니다.

주식투자에 나서기 전에 가장 먼저 해야 할 일은, 이자율이 높은 부채부터 갚는 것입니다. 특히 신용카드 대금이나 급전 대출처럼 고금리 부채는 가능한 한 빨리 정리해야 합니다.

예를 들어 신용카드 연체 시 연 20% 가까운 이자가 붙고, 급전 대출은 그보다 이자율이 더 높을 수도 있습니다. 반면, 주식투자의 평균 기대 수익률은 연 10% 수준입니다. 즉, 20% 이자가 붙는 빚을 그대로 두고, 연 10% 수익을 기대하며 주식에 투자하는 것은 결과적으로 손해를 감수하겠다는 뜻과 같습니다.

그래서 고금리 부채를 먼저 갚는 것이, 주식투자로 수익을 내는 것보다 훨씬 더 확실한 돈 버는 길이 될 수 있습니다.

아마 이런 의문이 들 수 있습니다. "이자율이 낮은 빚도 투자 전에 꼭 갚아야 할까?"

보통 이자율이 낮은 빚은 장기간에 걸쳐 천천히 갚아 나가는 경우가 많습니다. 예를 들어 자동차 할부는 보통 3년, 주택담보대출은 길게는 30년까지 이어지기도 하죠. 그렇다면 이런 빚을 다 갚을 때까지 투자를 미뤄야 할까요? 반드시 그렇지는 않습니다.

복리의 힘은 시간에서 나오며, 투자는 가능한 한 빨리 시작할 수록 유리합니다. 복리는 시간이 지날수록 효과가 기하급수적으로 커집니다. 그래서 지나치게 투자 시점을 늦추는 것은 오히려 더 큰 기회를 놓치는 일이 될 수 있습니다.

예를 들어 1만 달러를 연 10% 수익률로 40년 동안 투자하면 약 45만 2,000달러가 됩니다. 그런데 단 1년을 더 투자해 41년을 복리로 굴리면, 그 금액은 약 49만 7,000달러로 늘어납니다. 단 1년 차이로 4만 5,000달러 이상이 추가로 생기는 셈입니다.

이처럼 투자는 하루라도 빨리 시작하는 것이 유리합니다. 따라서 이자율이 낮은 장기 대출은 관리 가능한 수준이라면 굳이 전액을 상환한 후에 투자에 나설 필요가 없습니다. 중요한 것은 감당 가능한 수준에서 빚을 관리하면서도 복리의 시간을 놓치지 않는 것입니다.

이자율이 낮은 빚을 천천히 갚아 나가느라 투자를 계속 미룬다면, 그건 결국 소중한 시간을 잃는 것과 같습니다. 주택담보대출, 학자금 대출, 자동차 할부처럼 이자율이 낮고 상환 기간이 긴 부채는 수년, 길게는 수십 년이 걸릴 수 있습니다. 그 기간에 투자를 하지 않는다면, 복리의 힘을 누릴 수 있는 귀중한 시간을 놓치게 됩니다. 따라서 부채 상환과 투자는 균형 있게 병행하는 것이 중요합니다. 그래야 더 긴 시간 동안 복리의 효과를 누릴 수 있습니다.

재무 전문가 데이브 램지는 소득의 15%를 은퇴 자금으로 투자하고, 나머지로 빚을 상환하라고 조언합니다. 물론 얼마를 저축하고 투자해야 할지는 개인의 수입, 지출, 부채 규모, 목표에 따라 달라지기 때문에 정해진 정답은 없습니다.

나는 '탁월한 기업을 좋은 가격에 사는 것'에는 나름의 확신이 있지만, 전문 재무설계사는 아닙니다. 그래서 은퇴 준비나 장기 재무 계획이 고민된다면, 재무 전문가의 도움을 받아보는 것도 좋은 선택이 될 수 있습니다.

돈을 현명하게 다루는 법

고금리 빚을 모두 갚고, 투자 계좌에 자금을 넣으면서 저금리 부채도 무리 없이 상환할 수 있는 계획을 세웠다면, 이제 본격적인 투자를 시작할 준비가 된 것입니다.

투자에 나서기 전, 마지막으로 던져야 할 질문은 다음과 같습니다.

3. 이 돈은 1~2년 안에 꼭 써야 할 자금인가?

여기서 말하는 '1~2년 안에 써야 할 돈'에는 간단한 장보기 비용부터, 결혼 자금이나 새집 계약금처럼 큰 지출까지 모두 포함됩니다. 만약 이 돈이 가까운 시일 내에 반드시 필요한 자금이라면, 절대 주식에 투자해서는 안 됩니다. 왜냐하면 투자해 둔 돈이 필요한 시점에, 시장 상황이 나빠져 가치가 떨어져 있을 수도 있기 때문입니다.

특히 경기 침체기에는 주가가 장기간 하락할 수 있어 더욱 위험합니다. 이때 당장 써야 할 자금이 주식에 묶여 있다면, 손해를 감수하고 팔 수밖에 없는 상황에 몰릴 수 있습니다.

따라서 단기적으로 쓸 계획이 있는 돈은 투자하지 말고, 오랫동안 손대지 않아도 되는 여윳돈만 투자하세요. 주식투자는 본질적으로 장기적인 시각으로 접근해야 하며, 그에 맞는 자금만 투입해야 합니다.

편안한 마음으로 투자하기 위해

장기 투자할 준비가 되었다면, 다음 질문도 자신에게 꼭 던져 보아야 합니다.

4. 만약 이 종목에 투자했는데, 정말 최악의 상황이 와서 주가가 0원이 되더라도 나는 여전히 마음 편하게, 불안하지 않고 살 수 있을까?

이 질문에 "아니요"라고 답했다면, 그 돈은 주식에 투자하지 않는 것이 좋습니다. 그 돈에 대한 집착이 크고, 실제로 잃었을 때 감당하기 어려울 가능성이 크기 때문입니다.

투자를 하다 보면, 누구나 때로는 운이 따르지 않거나 실수를 저지를 수 있습니다. 심지어 워런 버핏 같은 전설적인 투자자조차 예외는 아닙니다. 그는 한때 델타항공에 투자했지만, 코로나19 팬데믹으로 항공업계가 큰 타격을 받자 결국 손해를 보고 해당 주식을 정리했습니다. 아무리 뛰어난 투자자라도 손실을 피할 수 없는 순간은 존재합니다.

투자는 잃어도 감당할 수 있는 돈으로 해야 합니다. 만약 그 돈을 잃었을 때 너무 속상할 것 같다면, 그것은 투자에 쓰기에 적절한 자금이 아닙니다. 예상치 못한 상황이 닥쳤을 때, 감정적으로 크게 낙담할 수 있기 때문입니다.

주식 시장은 우리의 자산을 불려주고, 삶을 조금 더 여유롭고 풍요롭게 만들어주는 수단이어야 합니다. 그런데 오히려 스트레스를 주고, 마음을 괴롭게 만든다면 그건 분명 잘못된 접근입니다. 주식은 행복을 위한 도구가 되어야 하지, 그 반대가 되어서는 안 됩니다.

투자는 잃더라도 감정적으로 큰 타격이 없을 만큼 여유 있는 자금으로 해야 합니다. 만약 그 돈을 잃을까 봐 불안하거나, 손실이 생겼을 때 감정적으로 크게 흔들릴 것 같다면, 그 자금은 투자에 적합하지 않습니다. 워런 버핏조차 델타항공에 투자했다가 예기치 못한 상황으로 손실을 본 적이 있음을 기억하십시오. 누구에게나 그런 일은 일어날 수 있고, 실망도 따릅니다.

주식 시장은 자산을 불리고 삶의 질을 높이기 위한 수단이어야 하지, 감정적인 소모나 스트레스의 원인이 되어서는 안 됩니다. 여유 자금으로 투자하면 주가의 단기적인 등락에 민감하게 반응하지 않게 됩니다. 투자한 돈에 마음이 너무 쏠려 있지 않다면, 눈앞의 수익이나 손실에 휘둘리지 않고 길게 기다릴 수 있습니다.

마음의 여유가 생기면 자연스럽게 기업의 장기적인 성장 가능성에 더 집중하게 되고, 불안감에 휩싸여 섣불리 매도하는 실수도 줄어듭니다. 결국 투자는 마음 편하게 기다릴 수 있는 돈으로 해야 오래 가고, 좋은 결과도 따라옵니다

자신이 투자한 돈에 마음이 너무 쏠려 있다고 느껴진다면, 투자 대상을 더 넓게 분산하는 것이 좋습니다. 한 종목에 넣은 금액이 적을수록, 설령 그 기업이 잘못되더라도 마음의 부담이 훨씬 줄어듭니다.

만약 전체 자금이 모두 소중하게 느껴져 어떤 손실도 감당하기 어렵다면, 자산의 90%는 인덱스펀드에 두고, 나머지 10%만

개별 주식에 투자하는 방식을 추천합니다. 이렇게 하면 투자금이 자연스럽게 분산돼, 혹시 예상치 못한 일이 생기더라도 감당 가능한 수준에서 손실을 제한할 수 있습니다.

대부분의 자금을 인덱스펀드에 투자하면 개별 종목에 대한 부담이 크게 줄고, 주가 변동에 대한 스트레스도 덜어집니다. 결국, 마음 편한 투자가 가능한 구조를 만드는 것이 장기적으로도 훨씬 좋은 결과로 이어집니다

예를 들어 투자할 수 있는 자금이 10만 달러라면, 그중 9만 달러는 인덱스펀드에 넣고, 나머지 1만 달러는 10개의 개별 주식에 나눠 투자할 수 있습니다. 이렇게 하면 한 종목이 전체 자산에서 차지하는 비중은 1%에 불과하게 됩니다. 만약 그중 하나가 상장폐지되거나 가치가 0이 되는 최악의 상황이 벌어지더라도, 전체 포트폴리오에서의 손실은 고작 1%에 그칩니다.

대부분의 사람은 자산이 1% 줄었다고 해서 크게 흔들리지 않습니다. 사실, 아무리 신중하게 고른 주식이라도 하루에 1% 정도 하락하는 일은 아주 흔하게 일어납니다. 이런 수준의 손실은 감정적으로도 무리 없이 받아들일 수 있기 때문에, 장기적인 관점에서 더욱 안정된 투자가 가능해집니다.

그래서 각 종목에 소액만 투자하고 그 성과에 너무 큰 기대를 걸지 않으면, 개별 주식 하나하나에 마음이 흔들릴 일이 줄어듭

니다. 이렇게 하면 전체 포트폴리오의 장기적인 흐름에 더 집중할 수 있고, 운이 좋지 않은 상황에서도 마음 편하게 버틸 수 있습니다.

물론 이 비율은 자신의 상황에 맞게 자유롭게 조정하면 됩니다. 투자에 익숙해지고 자신감이 붙는다면, 개별 주식의 비중을 점차 늘려도 괜찮습니다. 예를 들어 전체 자산의 75%를 30개 종목에 분산투자하고, 나머지 25%는 인덱스펀드에 두는 방식으로 구성할 수도 있습니다.

투자에는 누구에게나 똑같이 맞는 정답이 있지 않습니다. 가장 중요한 것은 자신이 감당할 수 있는 범위 안에서, 심리적으로도 부담 없는 방식으로 분산투자하는 것입니다. 그런 구조를 만들어야만, 변동성 앞에서도 흔들리지 않고 꾸준히 투자해 나갈 수 있습니다.

제8장 서약서

투자를 시작하기 전에, 준비가 부족해서 불필요한 손실을 겪는 일이 없도록, 자신이 아래 항목들에 동의하고 있는지 꼭 점검해 보는 것이 중요합니다.

나, _____은/는 아래 재정 원칙들이 올바른 투자 판단에 도움이 된다고 믿으며, 이에 동의합니다.

- 예기치 못한 상황에 대비해 최소 3개월에서 6개월 치 생활비를 비상자금으로 따로 마련해 두겠습니다. 그래야 시장 상황이 나빠졌을 때, 억지로 투자를 정리해야 하는 상황을 피할 수 있습니다.
- 금리가 높은 단기 부채는 가능한 한 빨리 상환하겠습니다. 그것이 자산을 불리는 가장 빠른 길이며, 투자를 시작하거나 계속 이어가기 전에 반드시 해결해야 할 우선 과제입니다.
- 가까운 시일 내에 사용할 가능성이 있는 자금은 투자하지 않겠습니다. 급하게 써야 할 일이 생겼을 때, 바로 인출할 수 있어야 하기 때문입니다.
- 잃었을 때 마음이 크게 쓰일 것 같은 자금은 투자하지 않겠습니다. 그래야 시장이 흔들릴 때도 흔들리지 않고, 감정에 휘둘려 섣부르게 매도하는 일을 피할 수 있습니다.

제9장
언제 주식을 팔아야 하는가?

주식을 언제 사야 하는지 이해했다면, 그다음으로 중요한 질문은 "언제 팔아야 하는가?"입니다. 이 장에서는 주식을 매도해야 할 세 가지 상황을 살펴봅니다. 첫째, 더 나은 투자 기회가 생겨 자금을 옮길 필요가 있을 때. 둘째, 기업이 예상만큼의 현금흐름을 창출하지 못할 때. 셋째, 그 기업의 경쟁우위가 약해지기 시작할 때입니다.

이와 함께, 주식을 팔지 않고 장기간 보유하는 것이 투자 포트폴리오에 어떤 장점과 안정성을 가져다주는지도 함께 설명합니다.

이 장에서는 다음과 같은 내용을 다룹니다.

- 대부분의 경우, 주식을 팔지 않는 것이 훨씬 더 나은 전략인 이유
- 워런 버핏이 주식을 좀처럼 매도하지 않는 근본적인 이유
- 예외적으로 주식을 반드시 팔아야 하는 세 가지 상황

"우리가 가장 좋아하는 보유 기간은 '영원히'입니다."

- 워런 버핏

투자를 할 때는, 그 주식을 평생 보유할 생각으로 사야 합니다. 기업의 가치를 제대로 평가하고 적정한 가격에 매수했다면, 시간이 당신 편이 되어줄 가능성이 큽니다. 결국엔 시장 수익률을 능가하는 결과로 이어질 수 있기 때문입니다.

하지만 그렇다고 해서 주식을 절대 팔지 말라는 뜻은 아닙니다. 분명히 매도해야만 하는 시점이 존재합니다. 이제부터는 주식을 반드시 팔아야 하는 세 가지 상황에 대해 살펴보겠습니다.

상황 1. 회복 불가능한 악재가 터졌을 때

워런 버핏의 말처럼, 우리는 기업의 내재가치를 계산할 때 "앞으로 벌어들일 현금흐름을 예측하고, 그에 적절한 할인율을 적용"합니다. 다시 말해, 이 기업이 매년 일정한 잉여현금흐름이나 배당금을 꾸준히 창출할 것이라고 가정하는 것입니다.

하지만 현실에서는 이런 가정을 뒤엎는 예기치 못한 사건이 발생할 수 있습니다. 그리고 그 영향이 일시적인 것이 아니라 구조적이거나 영구적인 것이라면, 해당 주식을 계속 보유할 이유는 없습니다.

『블랙스완(The Black Swan)』에서 나심 탈레브(Nassim Taleb)는 아무도 예측할 수 없는 사건, 즉 블랙스완은 앞으로도 반드시 발생할 것이라고 말합니다. 블랙스완은 다음 두 가지 중요한 특징을 갖고 있습니다. 첫째, 그 충격의 규모가 매우 크고 광범위한 영향을 미칩니다. 둘째, 그 누구도 사전에 예측할 수 없습니다.

예를 들어 제1차 세계대전, 인터넷의 등장이 산업 전반에 미친 파급력, 코로나19 팬데믹이 전 세계를 멈춰 세운 일 등은 모두 사전에 명확히 예측하기 어려웠던 사건입니다. 실제로 이런 일이 벌어지기 전까지는 대부분의 사람들이 그 가능성조차 인식하지 못했습니다.

이런 블랙스완은 특정 기업이나 산업에도 치명적인 영향을 미칠 수 있습니다. 예컨대, 우버(Uber)가 전통적인 택시 산업을 송두리째 흔들 것이라고 예상한 사람은 많지 않았습니다. 아마존이 이틀 내 무료 배송이라는 새로운 기준을 세워 경쟁자를 압도하게 될 것이라고 내다본 이도 거의 없었죠. 2020년 팬데믹 당시, 수많은 소규모 기업들이 갑작스러운 영업 중단으로 문을 닫게 될 것이라고 미리 내다본 사람도 극히 드물었습니다.

만약 블랙스완이 보유 중인 주식에 치명적인 영향을 주었고, 그 영향이 장기적으로 이어질 가능성이 있다면, 그 주식은 과감히 매도해야 합니다.

예를 들어 당신은 매년 2%의 영구적인 성장률을 유지할 것으로 예측되는 기업에 투자했습니다. 그런데 10년 뒤, 전혀 예상하지 못한 블랙스완이 해당 산업에 발생해 매출과 잉여현금흐름이 절반으로 줄어들었습니다. 그리고 그 하락이 일시적인 충격이 아니라 산업 구조의 근본적인 변화 때문이라고 판단된다면, 그 주식을 계속 보유할 이유가 없습니다.

이제 그 기업은 초기 투자 시 기대했던 수준의 현금 창출력을 가지지 못합니다. 다시 말해, 당신이 지불한 가격에 비해 그 기업이 벌어들이는 현금이 현저히 줄어든 셈입니다. 만약 그 하락이 일시적이지 않고 회복이 어려운 수준이라면, 더는 망설이지 말고 매도하는 것이 바람직한 선택입니다. 투자에서는 처음의 판단보다, 변화된 현실에 맞춰 다시 판단하는 능력이 훨씬 더 중요할 때가 있습니다.

오늘날 우리는 기업의 현금 창출력이 기대에 못 미칠 조짐을 미리 포착하고, 선제적으로 주식을 매도한 현명한 투자자들의 사례를 여러 차례 목격해 왔습니다. 예를 들어, 소매 산업은 오랜 기간 안정적인 성장세를 이어왔지만, 최근 온라인 쇼핑의 급속한 확산으로 일부 유통업체들의 매출이 급격히 줄어들기 시작했습니다.

이 같은 구조적 변화를 일찍 감지한 투자자들은, 변화에 적응하지 못한 소매 기업들의 주식을 미리 정리함으로써 더 큰 손실을 피할 수 있었습니다. 그리고 그 자금은 더 나은 성장 가능성을 지닌 기업에 재투자되어, 오히려 새로운 기회를 만들어내는 계기가 되었습니다.

앞으로 평생 매년 10만 달러의 잉여현금흐름을 꾸준히 창출할 것으로 기대되는 한 기업을 발견했다고 가정해 봅시다. 기대 수익률을 연 10%로 설정한다면, 그 기업의 내재가치는 100만 달러가 됩니다.

이 기업이 시가총액 100만 달러 수준에서 거래되기를 기다리다가, 마침내 그 가격에 도달했을 때 투자를 결정했다고 해봅시다. 이후 오랫동안 주식을 보유하던 중, 예상치 못한 일이 벌어집니다. 갑작스러운 블랙스완이 발생하면서, 그 기업이 매년 벌어들이는 잉여현금흐름이 10만 달러에서 6만 달러로 감소한 것입니다. 이제 이 기업은 처음 기대했던 수준보다 훨씬 적은 현금을 벌어들이고 있습니다.

이런 상황이라면, 주식을 계속 보유할 이유가 없습니다. 처음 투자했을 때와는 기업의 본질적인 가치가 달라졌기 때문입니다. 그 자금을 여전히 연 10만 달러 이상의 현금흐름을 창출할 수 있는 다른 기업에 재투자하는 것이 훨씬 더 합리적인 선택입니다.

이 부분에서 꼭 기억해야 할 핵심은 이렇습니다. 만약 블랙스완이 당신이 투자한 기업에 치명적인 타격을 주었고, 그 결과 앞으로 벌어들일 현금이 처음 예상보다 크게 줄어들 것이 확실하다면, 미련 없이 주식을 정리하고 더 나은 미래를 가진 탄탄한 기업에 자금을 옮기는 것이 옳습니다.

워런 버핏 역시 이 원칙을 따랐습니다. 코로나19 팬데믹이 터졌을 때, 그는 델타항공 주식을 매도하기로 결정했습니다. 예기치 못한 블랙스완이 발생했고, 버핏은 이로 인해 델타의 장기적인 현금 창출 능력이 악화됐다고 판단했습니다. 그는 "델타를 둘러싼 세상이 달라졌다"고 말하며 매도 이유를 명확히 밝혔습니다.

이는 곧 매수 당시 기대했던 미래와 매도 시점의 현실이 더 이상 같지 않다는 뜻입니다. 그가 처음 기대했던 현금흐름은 이제 실현될 수 없는 것이 되었고, 그에 따라 내재가치 계산도 틀어졌음을 스스로 인정한 셈입니다.

당신도 마찬가지입니다. 어떤 블랙스완 때문에 투자 판단의 전제가 근본적으로 흔들렸다는 사실을 깨달았다면, 그 주식은 더 늦기 전에 정리하는 것이 현명한 결정입니다.

상황 2. 현금이 필요할 때

투자의 목적은 내 자금을, 가장 높은 수익을 안정적으로 기대할 수 있는 곳에 배분하는 데 있습니다.

시장이 공포에 휩싸일 때 오히려 기뻐하는 투자자들이 있습니다. 그 이유는 간단합니다. 평소보다 훨씬 많은 주식들이 내재가치에 근접하거나, 그보다 낮은 가격에 거래되기 때문입니다.

이런 시기는 당신에게도 큰 기회가 됩니다. 수많은 기업들이 '이 정도 가격이면 충분히 매수할 만하다'는 수준 이하 가격으로 거래되고 있기 때문입니다. 말 그대로, 좋은 조건에 주식을 살 수 있는 문이 열리는 순간입니다.

이런 상황에서는 당연히 좋은 기업인데도 가격이 싸게 나온 종목을 먼저 눈여겨보게 됩니다.

예를 들어 어떤 주식은 내재가치와 거의 같은 가격에 거래되고 있고, 다른 주식은 내재가치보다 10% 낮은 가격에 거래되고 있다고 합시다. 이 경우 퀄리티가 거의 같은 두 기업이라면, 내재가치보다 더 싸게 거래되는 쪽에 더 많은 자금을 배분하는 것이 이상적인 선택입니다.

예를 들어 내재가치보다 10% 저렴하게 거래되는 주식을 발견해 투자했다고 가정해 봅시다. 그 당시에는 꽤 괜찮은 가격이라 판단했고, 기꺼이 자금을 투입했을 것입니다. 하지만 시장이 불안정할 때는 불과 며칠, 혹은 몇 주 만에 더 나은 기회가 나타나기도 합니다. 예컨대, 전혀 다른 훌륭한 기업의 주식이 내재가치보다 무려 30%나 낮은 가격에 거래되는 걸 발견할 때도 있습니다. 이 주식이 훨씬 더 매력적인 투자처입니다.

그런데 이런 상황에서 자주 마주하는 현실적인 문제는, 이미 가진 자금을 다 투자한 탓에 당장 쓸 수 있는 현금이 없다는 점입니다. 기회는 눈앞에 있지만 행동할 수 없는 상태가 되는 것이죠.

이럴 때는 과거에 투자했던 주식을 일부 매도해 새로 생긴 더 좋은 기회를 잡는 것도 하나의 방법입니다. 예를 들어, 내재가치보다 10% 낮은 가격에 매수했던 주식을 팔고, 지금은 30% 할인된 가격에 거래되고 있는 더 우수한 기업의 주식을 사는 식입니다. 투자 자금이 한정돼 있는 상황에서는 상대적으로 더 저렴하고 더 매력적인 기회가 나타났을 때 자금을 재배분하는 것이 훨씬 더 합리적인 선택이 될 수 있습니다. 결국 중요한 건 과거의 투자보다, 지금 이 순간 가장 큰 가치를 제공할 곳에 돈을 두는 것입니다.

지금 막 주식을 샀다고 해도 시장에 더 나은 기회가 보인다면 그 주식을 파는 것은 충분히 합리적인 선택이 될 수 있습니다. 투자의 본질은 자금을 가장 효율적으로 배분해, 감당 가능한 수준의 위험 안에서 최대한의 수익을 올리는 데 있기 때문입니다.

내재가치 수준에서 어떤 주식을 방금 매수했는데, 그보다 훨씬 더 저평가된 우량 기업의 주식을 발견했다고 해봅시다. 그리고 그 기회를 잡기 위해 새로운 자금이 필요한 상황이라면, 방금 매수한 주식을 정리하고 더 좋은 기회에 투자하는 것이 이치에 맞습니다.

투자란 늘 정답이 정해진 게임이 아닙니다. 언제나 더 나은 기회가 있다면, 과거의 결정에 얽매이지 않고 유연하게 움직일 줄 아는 태도 역시 성공적인 투자에 꼭 필요한 자질입니다.

상황 3. 기업이 경쟁우위를 잃기 시작할 때

기업의 경쟁우위, 즉 해자는 그 사업의 성패를 가를 만큼 중요한 요소입니다. 해자는 기업이 안정적으로 현금을 벌어들일 수 있도록 지켜주는 방어막이며, 좋은 기업을 진짜 탁월한 기업으로 만들어주는 핵심입니다.

그래서 나는 해자가 없는 기업에는 쉽게 투자하지 않습니다. 장기적으로 뛰어난 수익을 기대하려면, 반드시 경쟁에서 이길 수 있는 능력을 갖춘 기업이어야 하기 때문입니다. 물론 모든 해자가 영원한 것은 아닙니다.

우리는 가능하면 시간이 흘러도 쉽게 무너지지 않는, 오래 지속되는 해자를 가진 기업을 찾고자 합니다. 하지만 현실에서는 그런 해자조차도 점차 약해지거나, 경쟁 환경 속에서 서서히 무너지는 경우를 자주 목격하게 됩니다.

시간이 지나면 산업은 변하기 마련이고, 언젠가는 새로운 경쟁자가 등장해 시장의 판을 흔들기도 합니다. 아무리 변화가 느린 산업이라 해도, 어느 순간 예상치 못한 충격을 받을 수 있습니다. 그리고 그 충격이 기업의 해자를 무너뜨린다면, 그 주식을 계속 보유할 이유는 없습니다. 경쟁우위를 잃은 기업은 언제든 경쟁자에게 시장을 빼앗길 수 있고, 그만큼 현금 창출력 역시 흔들리게 됩니다.

미래의 현금흐름이 불확실한 기업은 곧 수익률도 불확실합니다. 그런 기업에 계속 투자하는 것은, 본질적으로 가치평가의 기반이 무너진 상태에서 베팅을 계속하는 것과 같습니다. 이처럼 해자가 약해졌다는 신호가 명확하다면, 그 주식은 재검토가 아닌 정리가 필요한 시점일지도 모릅니다.

1970년대까지만 해도 신문사는 막강한 경쟁우위를 가진 산업이었습니다. 사람들이 세상 돌아가는 일을 알고 싶을 때 가장 먼저 찾는 정보원이 바로 신문이었기 때문입니다. 한때 신문은 단순한 정보 전달을 넘어 오락과 여론 형성의 기능까지 수행했고, 많은 사람들이 기꺼이 유료로 신문을 구독했습니다.

특히 일부 신문사는 '브랜드 해자(brand moat)'가 매우 강했습니다. 독자들은 특정 신문사를 신뢰했고, 익숙한 브랜드에 대한 충성도도 높았습니다. 매일 같은 신문을 찾아 읽는 것이 자연스러운 일상이었죠. 그 결과, 인지도가 낮은 신문사들은 독자층을 넓히는 데 어려움을 겪었고, 반대로 상위권 신문사들은 더욱 굳건한 입지를 다질 수 있었습니다.

그 당시만 해도, 이런 신문사들이 경쟁우위를 잃게 되리라고는 거의 아무도 상상하지 못했습니다. 실제로 워런 버핏도 이와 관련해 다음과 같은 말을 남긴 바 있습니다.

"1970년, 찰리와 나는 신문 산업을 주의 깊게 살펴보고 있었습니다. 그 당시 우리는 이 산업을 가장 난공불락의 프랜차이즈 중 하나라고 생각했죠. 지금도 여전히 훌륭한 사업이라고 평가하긴 합니다. 하지만 2002년의 신문 프랜차이즈는, 더 이상 1970년의 그것과는 같지 않다고 봅니다."

하지만 시간이 흐르면서 신문 산업은 완전히 바뀌었습니다. 사람들이 뉴스를 종이신문이 아닌 인터넷에서 소비하기 시작하면서, 더는 신문을 사지 않게 된 것이죠. 산업 전반에 걸친 이 같은 변화는 《시카고 트리뷴(The Chicago Tribune)》《뉴욕 타임스(The New York Times)》 등 유서 깊은 신문사들조차 오랫동안 유지해 온 해자와 경쟁력을 잃게 만들었습니다.

이제 신문은 사람들이 정보를 얻기 위해 가장 먼저 찾는 곳이 아니었고, 단지 브랜드만으로 독자를 끌어오는 것도 어려워졌습니다. 그 결과, 수많은 신문사들이 장기간에 걸쳐 막대한 매출 하락을 겪었습니다. 그리고 이런 변화가 당신이 투자한 기업에서 일어난다면, 그건 결코 반가운 일이 아닐 것입니다.

만약 보유 중인 기업 중에서 장기적인 해자가 무너지고 있다는 징후가 보인다면, 더 상황이 악화되기 전에 과감히 매도하는 것이 바람직합니다. 해자가 약해진 기업은 시장에서 살아남기 어렵고, 안정적으로 현금을 벌어들이는 능력도 점점 떨어질 수밖에 없습니다. 결국 투자 수익률도 기대하기 힘들어집니다.

몇 년 뒤에도 이 기업이 지금의 경쟁력을 유지할 수 있을지 불안해하며 주식을 들고 있기보다는, 애초에 해자가 탄탄해 그런 걱정을 할 필요조차 없는 기업에 투자하는 것이 훨씬 더 현명한 선택입니다.

주식은 절대 팔지 말아야 할까?

앞서 살펴본 세 가지 이유 중 단 하나라도 해당하지 않는다면, 가능한 한 주식은 팔지 않고 오래 보유하는 것이 이상적입니다.

예를 들어, 어떤 기업에 투자한 지 5년이 되었고, 그동안 주가가 두 배로 올랐습니다. 수익이 많이 났으니 이제 차익을 실현할까 고민될 수 있습니다. 하지만 그 기업의 전망이 여전히 밝고, 앞으로도 성장 가능성이 크다면 굳이 지금 팔 이유는 없습니다. 여전히 돈을 맡겨둘 만한 가치가 있는 기업이라면, 계속 보유하는 것이 더 나은 선택일 수 있습니다. 좋은 기업은 시간이 지날수록 더 큰 수익을 가져다줄 가능성이 크기 때문입니다.

또 우리가 특정 주식의 내재가치를 계산할 때는 해당 기업이 앞으로 오랜 시간에 걸쳐 잉여현금흐름을 창출할 것을 예측합니다. 다시 말해 그 기업이 장기간 안정적으로 운영되며 지속적으로 수익을 낼 것이라는 전제를 깔고 내재가치를 계산한 것입니다. 그렇다면 애초에 장기적인 수익을 기대하고 투자한 주식을 단기간에 매도할 이유는 없습니다.

특히 훌륭한 투자 기회는 흔히 찾아오는 것이 아니기 때문에, 지금 보유한 주식을 팔고 새로운 기회를 기다리는 선택은 오히려 비효율적일 수 있습니다. 장기적인 관점에서 가치 있는 기업에 투자했다면, 주가는 오르든 내리든 꾸준히 보유하며 그 기업이 실제로 성과를 내는 시간을 함께 기다리는 것이 더 나은 전략입니다.

실제로 워런 버핏도 '훌륭한 기업은 가능한 한 팔지 말라'는 생각에 깊이 공감합니다. 그는 1998년 버크셔 해서웨이 주주총회에서 다음과 같이 말했습니다.

"가장 좋은 건 애초에 팔고 싶지 않을 만큼 훌륭한 주식을 사는 것입니다."

워런 버핏이 강조하는 투자 철학의 핵심은, 애초에 매도할 필요조차 느끼지 않을 만큼 탁월한 기업에 장기 투자하라는 것입니다. 주식을 팔지 않는 전략은 복리의 힘을 극대화하는 가장 단순하면서도 강력한 방법입니다. 시간이 지날수록 수익이 수익을 낳고, 복리 효과가 기하급수적으로 커지기 때문에 그렇습니다.

따라서 특별한 사유, 예컨대 더 나은 투자처의 출현, 기업의 펀더멘털 약화, 경제적 해자의 붕괴가 아니라면, 굳이 매도에 나설 이유는 없습니다.

어떤 주식이 이미 큰 수익을 가져다주었다는 이유만으로 그 주식을 팔아서도 안 됩니다. 나 역시 몇 년 전, 탁월한 기업을 좋은 가격에 매수해 수백 퍼센트의 수익을 올린 투자자들을 많이 보았습니다. 그들이 여전히 주식을 보유하고 있다면, 앞으로도 과거처럼 높은 수익을 계속 올릴 수 있을 것입니다. 물론 중간에 우여곡절은 있겠지만요.

하지만 지금 그 주식을 판다면, 결국 자금을 다시 어디에 투자할지를 고민해야 합니다. 어차피 다시 투자할 계획이라면, 굳이 지금 주식을 팔아 현금화할 이유가 있을까요? 그건 단지 불필요한 수고일 뿐입니다.

더 나은 투자처가 눈에 띄지 않는 이상, 좋은 가격에 매수한 탁월한 기업의 주식을 계속 보유하는 것이 가장 합리적인 선택입니다. 그런 기업들은 앞으로도 꾸준히 많은 돈을 벌어들일 것이고, 그 수익은 고스란히 투자자의 몫이 될 것입니다.

제9장 서약서

주식을 언제 매도하느냐는 장기적인 투자 수익률에 매우 큰 영향을 미칩니다. 주식은 가능한 한 오래 보유하는 것을 기본 원칙으로 삼아야 하며, 매도는 정말 예외적인 상황에서만 이루어져야 합니다. 투자자는 투자 종목을 자주 바꾸는 데 에너지를 쓰기보다는, 시간이 갈수록 가치가 쌓이는 우량 종목을 꾸준히 보유하고 늘려가는 데 집중해야 합니다. 이것이야말로 복리의 힘을 온전히 누리는 가장 효과적인 투자 전략입니다.

나, _____은/는 주식 매도에 관한 다음 원칙에 동의합니다.

- 기업에 영구적인 피해를 주는 블랙스완 사건이 발생했거나, 더 나은 투자 기회가 생겼거나, 보유한 기업의 경제적 해자(지속 가능한 경쟁우위)가 무너지기 시작할 때만 매도를 고려하겠습니다.
- 애초에 팔 필요조차 느껴지지 않을 만큼 뛰어난 기업에 투자하는 것이 중요합니다.
- 단지 수익이 났다는 이유만으로 주식을 매도하지 않겠습니다. 시간을 길게 가져갈수록 복리 효과를 통해 더 큰 수익을 기대할 수 있기 때문입니다.

나오는 말

"쓸데없이 말을 늘어놓는 작가는,
독자에게 고된 짐을 지우고 마는 법이다."

- 닥터 수스(Dr. Seuss)

이제 책의 마지막까지 왔습니다. 지금까지 여러분은 주식투자로 부를 이루기 위해 꼭 알아야 할 핵심 개념들을 배웠습니다. 사실 투자는 생각만큼 어렵지 않습니다.

'2단계 주식투자 전략'만 제대로 이해하고 있다면, 어떤 주식을, 어떤 가격에 사야 할지 판단하는 게 훨씬 쉬워질 것입니다.

이 책이 다른 투자서들보다 짧게 느껴질 수도 있습니다. 하지만 내가 여러 투자 책들을 읽으며 느낀 건, 꼭 필요한 내용은 생각보다 많지 않다는 사실입니다. 오히려 많은 책들이 복잡한 이론이나 쓸데없는 정보로 채워져 있었습니다.

투자에는 다양한 이론과 전략들이 존재합니다. 하지만 그 모든 걸 다 알 필요는 없습니다. 오히려 너무 많은 전략을 알고 있으면 어떤 길로 가야 할지 더 헷갈릴 수도 있습니다. 그래서 이 책에서는 가장 핵심이 되는 전략 하나만을 소개했습니다. 단 하나의 제대로 된 전략이면 충분하기 때문입니다.

이 전략은 이미 많은 훌륭한 투자자들이 사용해 왔고, 앞으로도 계속 쓰일 것입니다. 예측이 너무 어렵지도 않고, 수익도 기대할 수 있으면서, 무엇보다 위험이 적은 전략이니까요.

이제 당신 차례입니다. 이 전략을 믿고, 실제로 실천에 옮겨보세요. 분명 당신도 훌륭한 투자자가 될 수 있을 것입니다.

역자 후기

투자는 본질적으로 불확실성과 마주하는 행위입니다. 내일의 시장을 누구도 예측할 수 없기에, 투자란 늘 불완전한 지식을 안고 결정을 내려야 하는 모험입니다. 그렇기에 투자 원칙이란 단순히 돈을 불리는 기술이 아니라, 불확실한 세계를 살아가는 우리의 태도를 드러내는 철학에 가깝습니다.

이 책이 말하는 "탁월한 기업을 고르고, 적정한 가격에 사라"는 원칙은 결국 한 가지 진리를 가리킵니다. 겉으로 요동치는 현상이 아니라, 그 뒤에서 오래도록 지속될 본질을 바라보라는 것입니다. 그것은 곧 일상의 선택에도 그대로 적용됩니다. 사람과의 관계든, 삶의 방향이든, 순간의 유행이나 감정이 아니라 오래

도록 견딜 수 있는 토대를 바라봐야 한다는 점에서 말입니다.

특히 이 책은 투자에 처음 입문하는 이들에게 좋은 길잡이가 될 것입니다. 난해한 이론을 나열하기보다, 누구나 이해할 수 있는 사례와 명확한 원칙을 통해 투자의 본질을 짚어주기 때문입니다. 처음 주식 시장에 들어서는 사람이라면, 무엇을 기준으로 기업을 보고 어떻게 의사결정을 내려야 하는지를 이 책에서 배울 수 있을 것입니다. 단순하면서도 실질적인 이 원칙은 초보자에게는 든든한 기초가 되고, 경험 많은 투자자에게는 다시 한번 기본으로 돌아가라는 울림을 줍니다.

번역을 하면서 저는 여러 차례 '경제적 해자'라는 개념을 곱씹었습니다. 23년 동안 투자 현장에서 수없이 듣고 생각해 온 개념이지만, 이번에는 새삼 다르게 다가왔습니다. 해자는 단지 기업의 경쟁우위를 지켜주는 장치가 아니라, 인간이 삶을 살아내기 위해 필요한 내적 울타리이기도 합니다. 외부의 유혹이나 위협에 흔들리지 않고 자기 길을 지켜내는 힘, 그것이야말로 우리가 어떤 불확실한 세계에서도 견뎌낼 수 있는 근본적인 조건일 것입니다.

워런 버핏이 강조해 온 단순한 원칙들 속에는 사실 깊은 철학이 숨어 있습니다. 더 비싼 값에 팔아줄 '다음 사람'을 기대하는 투기가 아니라, 실제로 가치를 만들어내는 실체에 주목하라는 그의 메시지는, 우리가 무엇을 믿고 살아가야 하는가에 대한 물음으로도 읽힐 수 있습니다.

이 책이 단순히 투자 전략서가 아니라, 불확실한 시대를 살아가는 독자들에게 "무엇을 선택하고 어떻게 지켜야 하는가?"라는 근본적인 질문을 던져주기를 바랍니다. 투자란 결국 돈을 불리는 기술이 아니라, 삶을 어떻게 바라볼 것인가의 문제와 맞닿아 있으니까요.

정채진